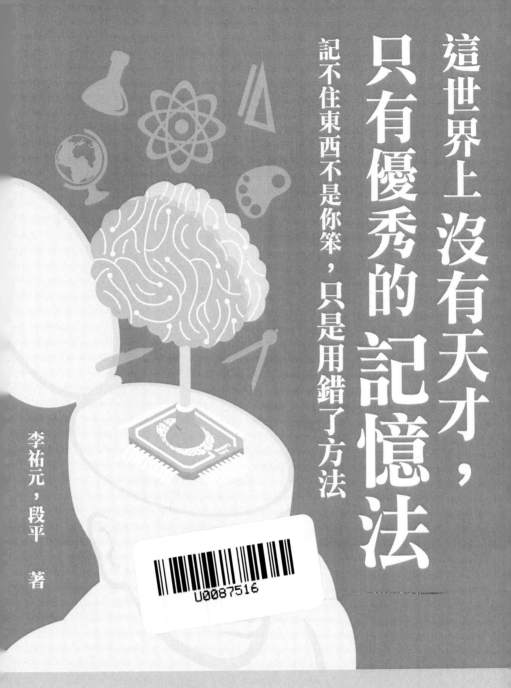

這世界上 沒有天才，只有優秀的記憶法

記不住東西不是你笨，只是用錯了方法

李祐元，段平　著

掌握讀書竅門，記憶力是可以靠後天培養的！
圖像、連鎖、系統……近三十種創新記憶方法，
透過口訣和自編小故事，背東西原來這麼有趣！

U0087516

目錄

目錄

第四章　打開學習錦囊，做個記憶大王

目錄

第七章　科目記憶有方法

目錄

第八章　增強記憶力，營養和健康要跟上

第九章　良好的環境有助於提高記憶

前言

　　不知道你有沒有這樣的經歷：當看到他人擁有驚人的記憶力時 —— 詩詞歌賦看一兩遍便能背誦、考前隨便翻翻書就能拿到好成績……往往讓我們既羨慕又嫉妒，打從心底懷疑自己智商不足：「為什麼我的記性這麼差？為什麼我沒有這種超能力？」

　　其實這與智商關係不大，人與人之間的智商沒有太多差異。記憶能力的好壞在某種程度上決定了課業成績的好壞。好的記憶力不是天生的，後天的努力可以讓記憶能力從根本上發生變化。據說史學家司馬遷小時候記憶力非常差。讀書時，很多需要背誦的知識都無法準時完成。老師檢查功課時，他總是這個記不住、那個記不住。但他並不氣餒，而是抓緊一切時間進行記憶訓練。經過一段時間的練習後，他的記憶力提升了，也為他之後成為名留千古的史學家奠定了基礎。

　　由此可見，人的記憶力不是憑空得來的，而是透過後天的訓練而成。只要方法適當，就可以擁有良好的記憶能力。記憶

方法百百種，如聯想記憶法、顏色記憶法、圖像記憶法、清單記憶法、重複記憶法、簡化記憶法、諧音記憶法……在讀書的過程中我們要根據實際情況，找出適合自己的記憶方法。但所有方法都應該在理解的基礎上應用，不可死記硬背。

　　為了使大眾，特別是備受記憶所苦的學生族群能夠掌握高效率的記憶方法，特別撰寫本書。全書從興趣、情緒、習慣、方法、環境等九個面向討論人們必須掌握的多種記憶方法。我們相信，只要大家肯花時間打開這本書，並仔細閱讀，就一定能發掘記憶潛能、提高記憶能力，為提高課業成績打下最堅實的基礎。

第一章
戴上興趣帽，記憶有奇效

　　興趣是指人們對一定事物或活動帶有正向情緒色彩的內在傾向。讀書興趣是一個人求知的起點，是創新精神的原動力。讀書要有成效，就需要有濃厚的興趣，興趣是讀書的內驅動力。有了這個動力，就會產生強烈的求知慾；反之，如果缺乏興趣，就會缺乏讀書的積極性和主動性，成績肯定不會好。因此，只有具有強烈的讀書興趣後，才會主動、持久地學習，記憶才會更輕鬆。

有興趣才能記得快

我對讀書就是沒有興趣，只喜歡玩，怎麼玩也玩不夠。爸爸、媽媽經常讓我好好唸書，我就是做不到，我也不想讓他們傷心，誰能告訴我怎樣才能做到對待唸書和記憶像看電視、玩遊戲那樣投入呢？

1　增加形象記憶

在讀書的過程中，如果對所學的內容不是很感興趣，記憶起來就有一定難度。這時，就要運用生活中的模型和教具讓自己產生直觀的形象，從而提高記憶力。

2　相互結合

把記不住的資訊與感興趣的東西結合，把原本生疏的內容變得生動，就能保持長久的記憶。

3　尋找有趣的記憶方法

現在人們幾乎家家都擁有一臺電腦。在記憶枯燥無味的知識時，不妨運用電腦把正在記憶的知識變得有趣起來，善用網路平台或是筆記軟體，這樣就會使記憶興趣大增。

4　參加社團

社團中的課外活動實踐，可以切身感受到知識的不足，需要進一步學習。如對數學沒有興趣，就可以參加數學性質的社

團，嘗試激發學習數學的興趣，提高記憶數學知識的能力。

　　一般來說，凡是能引起興趣的事物，人們都能集中注意力並讓大腦首次接觸事物時印象深刻，容易被長時間記憶。而痛苦的記憶往往會在夢裡出現，心理學家佛洛伊德（Sigmund Freud）對此的解釋是：「凡是威脅『自我』的記憶，都被打入潛意識的控制範圍內，無法爬升到意識的階層上。」哲學家尼采（Friedrich Wilhelm Nietzsche）也說過：「不愉快的事是潛在著遺忘傾向的。」所以，要先將興趣喚醒，然後再去記憶，寓學於樂，使你的記憶效果提升，讓讀書變得更愉快、更輕鬆、更省力。

抓住好奇心巧記憶

　　我們班上那些聰明、愛玩的同學，常常會想到很多「鬼點子」來耍老師、欺負同學……但在唸書上卻常常表現得無能為力。用家長們的話說就是，孩子聰明是很聰明，但就是不把聰明用在正道上。而我是老老實實的那種學生，成績中規中矩，老師說什麼我就學什麼，但效果卻並不理想。後來諮詢專家，才知道是因為缺乏好奇心導致的。

1　保持強烈的好奇心

要想擁有廣博的知識，要想激發自己的智力潛能，就必須

保持強烈的好奇心。

2　留給自己思考的時間

好奇心的成長需要思考的空間。如果一遇到不懂的問題，就馬上尋求幫助，這樣只會使自己的思想變得懶惰，使好奇心一點一點減弱。所以，當自己遇到一時難以解決的問題，可以和父母、老師討論一下，這個探索問題的過程，就是繼續激發好奇心的過程，也是增強記憶力的過程。

3　多實踐

對一些不太容易理解的原理和規律，可以用動手實踐的方式親自去感知。在這一過程中，所掌握的知識是牢固的，探索的欲望和好奇心也是強烈的。

4　建立滿足好奇心的環境

在生活環境中，到處蘊涵著豐富的可供探索的資源。家裡的客廳、廚房、陽臺，戶外的公園、馬路、隨便哪個小角落，都能成為引發好奇心的學習場所。因此，一定要適時地創造滿足好奇心的機會和場景，利用這些環境巧妙學習，提高記憶效率。

一般來說，大多孩子都對外界充滿強烈的好奇心，什麼都想親自嘗試，這是好現象。因為，好奇心可以讓孩子更多地了解各種事物之間的關係，促使他學習與外界互動。家長應該抓

住時機，滿足孩子的好奇心，給孩子探索環境的機會，提供孩子感興趣的環境，讓他去玩感興趣的東西，只要沒有危險性，不要限制孩子。一位母親對知名的教育家抱怨說，她的兒子非常頑皮，把一只好好的金錶弄壞了，她揍了兒子一頓。教育家馬上就說：「可惜呀，現代的愛迪生被妳打死了。」這個事例雖有些誇張，但在某種程度上也反映了在現今的家庭教育中，有的父母在無意識中扼殺了孩子可貴的好奇心。孩子由於對外部世界了解較少，所以就有成人所不及的強烈好奇心，如果能適當引導孩子的好奇心，能大大促進孩子的思維和想像力。反之，如果在孩子萌發好奇心時採取消極的反應，孩子就會失去對外部世界了解的欲望，這也將阻礙孩子的思維能力甚至一生的發展。

不要「欠債」

因課業上「欠債」、拖延實在是太多了，我越讀越無力，只好進入「打混」的行列，讀書過程中很多知識沒有跟上，下定決心補救，但千頭萬緒，無從下手，現在課本上的許多知識都沒掌握好，課外的知識學起來就更困難，用一句俗語來說，現在的我就是「死豬不怕開水燙」，自暴自棄算了！可是有一天，老師的一次家庭訪問，打消了我繼續混下去的想法，鼓起勇氣，

第一章　戴上興趣帽，記憶有奇效

重新找回自己的讀書興趣。

1　要注意「欠債」的問題

在讀書上一定要學一點就會一點，千萬不要「欠債」。要知道「欠債」是對讀書產生挫折的主要原因之一。在讀書過程中只有不斷看到自己的進步，讀書興趣才會有增無減。

2　要學到哪裡消化到哪裡

由於學習內容是循序漸進、環環相扣的，知識與知識之間有著千絲萬縷的關係。如果這一節課學的東西沒消化，別說是記住了，再往下聽，老師講的都可能聽不懂。因此，只有把前一個問題徹底弄懂了，才能進入下一個問題的學習。所以要邊學，邊理解，邊複習，將學到的知識及時消化，懂了以後才能深刻記在腦子裡。

3　不要臨時抱佛腳

要確實完成每天的讀書任務，每天該記的內容不能「欠債」，該做完的作業不能「欠債」，該複習的東西不能「欠債」。要想掌握知識，必須靠每日的知識累積，基礎沒有打好，又談何融會貫通？靠臨時抱佛腳學到的知識，不但數量少，而且品質差，經不起時間的考驗。

4　不要錯過讀書的時機

只有把握住讀書時機，才能取得良好的成效；如果錯過了

有利時機，即使付出更為艱苦的努力，也難以取得理想的成績。就像是剛學某一門知識時，有了問題及時去問，可能三言兩語就能解決。因為這時解決問題所需的知識、思考方式是熟悉或是記憶猶新的，趁熱打鐵，記憶效果自然就好。

在任何領域的學習過程中，一個問題不明白就代表有地方沒有完全弄懂，不及時弄清楚或者一知半解的話，不久後就會造成一連串問題不會，大大影響讀書成效。遇到疑難問題時，一定要及時尋求問題的答案，杜絕後患，確實學好當天課程。如果舊知識不會，就會把不會的新知識變成了舊知識，就像滾雪球一樣，不會的知識越來越多，導致在講新課時跟不上了，也聽不進去了，最後太痛苦了，就會對讀書失去興趣，談何記憶呢？

欣賞自己，提升記憶興趣

在讀書的過程中，每每會遇到很多困難，我都會想盡辦法自行解決，當我經過努力後得出正確的答案，開心得無以言喻。這時，我都會稱讚一下自己，讓我的心情錦上添花。久而久之，讀書也變得輕鬆了，記憶也不再困難了。

1 肯定自己

在記憶的過程中肯定自己，表現出對自己的充分信任，給

自己充分的信心和勇氣，就會讓自己在無意識中更加努力，不讓他人失望。在這種願望的驅使下，就會提高記憶的心理動力。

2　多說「我可以的」

在面對難度較大、資訊量較多的記憶任務時，要多對自己說：「我可以做到的。」增強信心，促使自己繼續完成任務。終於完成任務之後，豎起大拇指對自己說：「你這次表現得很出色。」這種愉悅感、成就感會促使自己對記憶產生更大的興趣。

有句名言：「人性中最深切的心理動機，是被人賞識的渴望。」不少人因為被欣賞而建立起自信，因為被欣賞而獲得成功。對於孩子來說也是如此，當用欣賞的眼光看待自己，用贊許的話語肯定自己時，大腦就會興奮起來，腦細胞活躍，做什麼都充滿幹勁，記憶力也會比平時快許多。可見，自信心影響著一個人記憶力的發揮，自信心是增強記憶的內在動力。信心越強，記憶效果越好。

保持讀書的新鮮感

時間逼近重要考試，我的壓力越來越大，緊張的狀態也隨之增加，面對身邊人的期望，我更加手足無措。有一段時間我幾乎看不下書，總覺得付出了努力，可是成績卻沒怎麼進步，一點信心都沒有了，對學習新知識也不再有任何新鮮感和動力

了，我該怎麼辦？

1　對讀書充滿新鮮感，才能保持讀書的興趣

如喜歡讀國文，就不斷買一些自己感興趣的書來看。這樣，既是對自己的一種鼓勵，又能夠維持興趣，更能長久保持新鮮感。

2　善用喜歡嘗試的心理，增加有新鮮感的學習內容

適時擴大自己的視野，嘗試不一樣的東西，是激發讀書興趣、提高記憶力的有效方法。

3　保持平常心，不要對自己期望過高

在成長的過程中，我們每天都在進步。只是你不注意，沒有看到罷了。所以，千萬不要用太嚴苛的標準對待自己，因為你已經在一點點進步了，每天進步一點點，日積月累後就會有驚人的成果。不要強迫自己，不然你就會視讀書為壓力，在充滿壓力的狀態下是永遠不會感受到讀書樂趣的。

只有對讀書保持新鮮感，才不會在讀書的時候覺得乏味，才會充滿讀書興趣，在快樂和好成績之間找到平衡點，慢慢愛上唸書，輕鬆記憶。

在枯燥中尋找記憶興趣

還有幾天就要考試了，有一大堆枯燥的東西需要背誦，我

第一章　戴上興趣帽，記憶有奇效

絲毫提不起興趣，也不知道該從哪裡下手。誰能幫幫我呀！讓我能輕鬆應對考試，並取得理想的成績。

1　猜謎語

猜謎語是一種很有吸引力的遊戲，可以激發我們的好奇心和求知慾，還能豐富我們的知識，對活化腦力也很有幫助。如「元旦到，家裡真熱鬧；日下一橫長，里字下邊藏」，打一字（量）。

2　「找朋友」

記憶一些枯燥、抽象的公式定理，詩詞等通常都是索然無味的。而單純靠背誦也不會留下長期記憶。這時，你可以把難以記住的部分寫在事先準備好的卡片上，利用「找朋友」的遊戲，為自己營造輕鬆愉快、生動活潑的學習氛圍，激發讀書興趣，提高記憶效果。

3　尋找有趣的記憶方法

例如，你可以把所要記憶的英文單字生動化、形象化和系統化，使新詞和舊詞之間建立聯繫，達到快速記憶。如生詞 bake（動詞，烘、烤）利用聯想法記憶，在湖邊（lake）做（make）蛋糕（cake）並烘焙（bake）等。將記憶內容融入生活和想像中，就會充滿趣味。

4　讓記憶對象變得有趣

面對枯燥的記憶內容，很難有興趣。如果想把枯燥的知識記憶牢、記得精確、記得長久，就要想辦法將記憶對象變得有趣，如使用電腦製作教材、教具等。

5　運用道具讓記憶對象形象化

具體形象能引發記憶的興趣。在記憶過程中，適當運用實物、標本、模型、圖畫等實體道具來觀察，就能產生形象記憶，提高記憶能力。

興趣能夠有效提高記憶力。對於那些感興趣的資料，記憶時比較輕鬆也記得更穩固；而對於那些自己不感興趣或是索然無味的資料，則需要花費大量時間、大量心力死記硬背才能有一點成效，並不是大家的理想狀態。所以，培養廣泛的興趣愛好，不對某一領域或是某一學科產生偏見，帶著探究的心去學習各種知識，是提高記憶力的關鍵。

聽喜愛的音樂能激發記憶興趣

在學校上課，老師嘗試著使用背景音樂教學，我們都覺得很新奇。絲毫沒有影響我們聽課的注意力，反而降低了枯燥的學習內容帶給我們的反感，讀書的效率更高了，記憶所學知識也更輕鬆了。

第一章　戴上興趣帽，記憶有奇效

1　運用熟悉的旋律記憶難記的資訊

也就是說，把難以記憶的知識作為歌詞填充在自己熟悉的旋律中。人的大腦對節奏感強的東西記憶效果非常好，有節奏的刺激資訊能使大腦多個區域有反應，尤其是右腦，能使人身體放鬆，產生愉悅感以及較強的大腦刺激，故能夠提高記憶效果。

2　根據情況選擇是否聽音樂記憶

很多人都有這樣的經歷，在無意間聽到某段音樂，當時記憶的知識也會在腦海中浮現，這也是一種記憶的方法。但它不是每個人都能駕馭與適合的。要清楚自身情況，來決定適合自己的記憶方式。

3　音樂能培養注意力

注意力是智力活動的「警衛」，也是智力活動統籌者和維護者，它能夠捕捉資訊，並「聚精會神」，使思考焦點集中。人在欣賞或演奏樂曲過程中，注意力非常集中，經過長期的音樂欣賞或演奏，注意力會增強，記憶力也會隨之提高。

許多人都認為，聽音樂會干擾記憶。家長們也都習慣在孩子記東西、讀書時，把音樂關掉，讓孩子在安靜的環境中讀書。事實上，這種想法並不正確。聽音樂不但不會影響記憶，甚至還會促進記憶。輕柔的樂曲會刺激右腦，產生情感體驗，

促進左腦抽象思維能力，使左右半腦均衡活動。音樂能強化人的神經系統功能，訓練視覺記憶、聽覺記憶，增強記憶的敏捷性、持續性和準確性。

成就感可以增強記憶興趣

煩死了，我不想回家，一回到家媽媽就拿我和她同事的孩子進行比較。總是人家成績如何如何好，我唸書怎麼怎麼差，弄得我一點成就感都沒有。我聽後感覺很不舒服，讓我覺得自己很沒用，根本就不想繼續努力了。

1　獎勵自己

在平時的讀書中，注意觀察自己的每一個進步，發現自己的每一個變化，並及時做出獎勵，當自己有小進步時，給自己一個小獎勵，如一個小禮物。大進步的時候，就給自己一個大獎勵，如自己想要很久都捨不得買的漂亮衣服、籃球等。此外，你也可以把你的進步告訴別人，讓別人知道你一直在努力，時間久了，就不會拿你和別人比較了。

2　「尺有所短，寸有所長」

就算成績不好，也有其他優點。畫畫好、舞蹈好、口才好等等。多創造一些展示優點的機會，從中培養自己的成就感，以此啟發自己去尋找成就感，提升記憶力。

3　及時評估自己的學習成果

如把讀過的書或用過的筆記本收集起來，等累積到厚厚一疊時，看著自己的努力成果會非常自豪，信心也會大增，記憶所學知識也就更輕鬆了。

4　挑戰記憶目標

成就感並不會持續太長，它需要人們進一步的挑戰，獲得更大的成功，體驗更強烈的成就感，激發出更持久的記憶力。像是平時一小時能背一篇文章。經過一段時間的訓練之後，可以在兩小時內背誦三篇文章。經過努力嘗試後，如果完成了，就會產生一種比平時一小時內背過一篇文章後更強烈的成就感。這種成就感會讓自己相信自己的記憶能力，從而提升記憶力。

如果讀書是一件好事，那就應該從中獲得成功，獲得成就感，獲得快樂。就像著名教育家蘇霍姆林斯基（Vasyl Sukhomlynsky）所說的：「請記住，成功的歡樂是一種巨大的情緒力量，它可以增強孩子讀書的動力。」任何孩子都是想讀書的，都有讀書的興趣與自覺，但是當孩子的這種自覺得不到肯定與賞識，甚至得到的答覆是「你本來就該這樣做」或者「這是你必須的任務」時，他的自覺反而會降低，進而變得一點興趣都沒有。一個明智的家長，應該仔細研究孩子的學習心理，想辦

法讓他不斷領到讀書的「薪水」。也就是善於發現孩子的成就，善於創造孩子的成就感，就會讓孩子學習更主動和積極，增強記憶的效果。對孩子自己來說亦是如此。

目標能賦予你讀書興趣

對於課業，我沒有明確的目標，總是抱著「得過且過」的想法。即使有課業目標，要嘛不切合實際，目標過高，一時達不到就洩氣了；要嘛目標過低，很容易達到，就驕傲自滿。都會讓人難以把心思集中在讀書上，也就失去了記憶的興趣。

1 培養目標意識

很多人沒有明確的目標意識。所以，在日常生活和讀書中，應該看一些因為目標明確最後取得成功的事例，以此來強化自己的目標意識。

2 制定切實可行的目標

目標的制定要切實可行，不能根據自己的想法，肆意制定目標，這樣不利於目標的實現。因此，在制定目標時，先問問前輩或他人的想法，制定出合理有效的、可以達成的目標。

3 使目標具體化

經由擬定具體的複習計畫（最好能具體到時間、內容、要求），便於複習後能夠自我檢查效率。

4　把目標設定為付出多少努力

如果把目標規定為具體的分數，難免有發揮失常的時候，應該把目標設定為自己的努力和對知識掌握的程度。考試後，不要緊盯分數，而要從錯誤中分析，哪些知識掌握度不夠，應該如何彌補。

5　及時修改目標

目標是人定的，因此也會存在不可行性。所以要根據學習狀況及時做出調整。目標高了，可適當降低；目標低了，可適當提高，這樣不會感到過多的壓力。

6　製作相關的「目標宣言」

把自己的目標以及決心告訴家人、朋友或同學，還可以用簡潔的文字書寫出來，張貼在自己能夠經常看到的地方。

7　目標要合理化，不能太難或者太過於簡單

如果目標太難，會使自己產生挫折感，嚴重打擊積極的心態，產生悲觀、憂鬱的情緒，嚴重影響讀書效率；如果目標太過於簡單，則容易產生自滿情緒，注意力容易分散，不利於後續學習，導致讀書興趣直線下降。

面對社會激烈的競爭，你要清楚自己的目標是什麼。不要管別人怎樣，別人第一、第二跟你沒關係，別人倒數第一、倒數第二也跟你沒關係。因為判斷一個人是否成功，不是和別

人比，而是和自己的潛能比。你就根據自己現在的位置，給自己設定一個實際的目標。不要太高，太高處不可攀，一旦摔下來，會把你的自信摧毀；也不要太低，太低會讓你失去奮鬥的意志。也就是說，這個目標對你來說應該是「跳起來，摸得到」。在目標明確的前提下，我們要挖掘大腦中一切可幫助記憶的元素來加強記憶。這些元素，可以讓我們的記憶更明確，印象更深刻、內容更豐富。

不要過於看重分數

在別人的影響下，我會不自覺地在意自己的分數，對自己在其他方面的發展表現得漠不關心。當發現自己的成績不好，心裡就會害怕，再也不想唸書了，更別說是記更多的東西，甚至是不想出現在認識的人面前，乾脆在外面流浪算了。

1　不要自我否定

不要因一次成績不理想，就對自己進行無原則的否定，這是不對的。一次成績不理想，只能說明你這一階段的學習效果、記憶情況不好，並不代表將來。所以打起精神，找出原因，對症下藥，爭取下次考出好成績才是最重要的。過去的已經過去，勇敢面對以後方是最佳選擇。

2　不能驕傲

當自己經過努力而取得優異成績後，也不要飄飄然。因為，這樣會放鬆對自己的要求，容易驕傲，要知道虛心使人進步，驕傲使人落後。

3　不要將分數進行類比

每一次考試，每種不同的知識都會取得不一樣的成績，這和你那一階段的讀書狀態有著密切的關聯，並不代表將來。如果以此判斷該種知識或技能學習效果的好壞是不正確的。這些直觀的分析法只能讓自己被表面現象所迷惑，得出片面結論，不利於以後的進步。

4　淡化考試分數的色彩

考試分數雖然會影響升學、就業，但它畢竟只是表面的東西，應把焦點放在對知識的掌握和能力的發展上，培養自己具有良好的知識結構、能力結構以及全方位的發展，比考試分數重要得多。

現實生活中還是有很多人把量化的分數看成最重要的事，拿著「分數」的量尺對他人比較、衡量，分數高了是應該，分數低就批評、挖苦、貶低、責罵。這種對分數的過度敏感給現代人的生活增加了巨大的壓力。背負著分數的壓力，越來越多的人因為考試成績不佳，不得不以說謊來掩蓋自己的爛分數，

為了一張臉皮或免於一頓責罰；對於一些叛逆心很強的人，通常是求學階段的孩子居多，則採取極端的做法，為了逃避父母的責罵而離家出走，到外做盡壞事，等待他們的就只有冰冷的手銬與無情的鐵窗……過度看重分數，是有百害而無一利的。尤其是父母對孩子分數表現出的不當態度，對孩子以後學習知識、記憶力的影響是很深的。

找到最適合的讀書方法提高記憶興趣

我沒有什麼特別的讀書方法，只能整天埋頭讀書，花費的心力不比別人少，記憶卻並不比別人多，而且還很容易忘記。因此，進步也沒有別人快，成績也不理想。

1 學會正確的預習方法

預習是指在每次上新課前，對即將要學習的內容進行了解，以便掌握聽課的主動權。預習的方法，除了回憶或溫習新內容所需的舊知識外，還應該知道未來要學什麼、要解決什麼問題、採取什麼方法、重點關鍵在哪裡等。在預習過程中，寫下自己的看法或不明白的問題，最後確定聽課時要解決的主要問題。這樣學到那裡時，就會給你留下深刻的印象，解答問題之外還能鞏固長期記憶。

2　掌握正確的聽課方法

聽課是讀書的主要形式，也是記憶學科知識的關鍵環節。聽課時注意力要高度集中，跟著老師的思路，理解老師所講的內容，思考或回答老師所提的問題。在此過程中，還要獨立思考，上課時間有無法馬上解決的疑問，留待下課後自己慢慢思考或請教老師。

3　掌握正確的複習方法

複習應與聽課緊密銜接，邊閱讀教材邊回憶聽課內容，及時解決沒有聽清楚的地方與疑問。務求弄懂，如果有的問題經過較長時間的思索還得不到解決，則可與同學討論或請老師解決，這樣就會加深自己的理解，讓記憶更深刻。

4　不照搬別人的讀書方法

別人的讀書方法在自己身上並不一定奏效，千萬不能照搬別人的讀書方法，也不要刻意和別人比。但要勤於和同學交流，在有自己讀書方法的基礎上，虛心請教和吸納他人安排時間的方法和讀書的訣竅，這對記憶力的提升都有好處。

5　在記憶方法上進行嘗試和創新

沒有嘗試和創新，就永遠也找不到最適合自己的讀書方法。因此，應該鼓勵自己進行創新。這樣做能根據自己的實際情況，主動尋找最有效的讀書方法，克服困難，取得進步。

6　錄音

把讀書時遇到的問題錄下來，並在每個問題的後面留一段時間，然後邊重複播放邊自己回答。這種方法可以發揮一些人喜歡說、喜歡聽的性格特點，進行有效讀書，提高記憶準確性。

所謂讀書方法，用一句最簡單的話講就是如何能夠使自己在最正確的時間與狀態下學習最適合的知識，也就是如何最有效地讀書和記憶。世界著名理論物理學家愛因斯坦（Albert Einstein）在談論成功時曾提出一個公式：$A=X+Y+Z$，其中 A 代表成功，X 代表艱苦奮鬥，Y 代表正確的方法，Z 代表少說空話。由此可見，有效的讀書方法 Y，可以減輕負擔，提高效率，事半功倍。

製造求知「飢餓感」

我的成績不錯，這和我平時多讀書有很大關係。在日常的生活學習中，課堂上的那點知識根本就滿足不了我對知識的渴望。小時候我常常要媽媽帶我去圖書館看書，這樣日積月累，我掌握的知識越來越多了，讀書也越來越輕鬆了。

1　不要急於尋求幫助

在課外學習上，難免會遇到各種問題。在這種情況下，不要急於向父母和老師尋求幫助，而應留給自己足夠的思考時

間，讓自己好好思考。當苦思冥想後，依然不能解決時，再尋求幫助。在這一過程中，也不要急於知曉答案，而應在父母老師的引導下，自己慢慢解決。這樣可以把自己求知的「胃口」吊得高高的，製造學習飢餓感，激發讀書興趣，提高記憶能力。

2　利用程度較高的書籍來學習

閱讀比自己程度高的書籍時，會遇到不認識的字或不明白的內容，這會有一種站在知識海洋的感覺。要麼請教長輩，要麼想：「以後我想看懂這樣的書。」有了這樣的想法，自然會產生極強的讀書興趣。

3　檢驗自己知識的累積

在每個週末，以表格的形式寫出自己一週內都掌握了哪些知識。這樣，就可以一目了然地看到自己的成長，有助於增強自信心，提高記憶的興趣。還可以找到自己的興趣與天賦所在，這樣有利於突破。

人們天生具備強烈的求知慾和探求精神，他們對自己不知道的事情，總是喜歡追根究柢，並勇於去探索、追求真相。實際上，求知慾就是掌握知識的能力，在自己的心編起一張知識網，並藉由不斷的學習來彌補漏洞。事實上，這樣的心理需求是一種精神上的「飢餓感」，有利於激發讀書興趣、求知慾和積極性，並促進智力活動的發展，提高記憶知識的效率與準確率。

讓記不住的東西記得住

我現在好困惑，那麼多難以記住的知識我都能記得住，可是關於方向的那幾個單字：東（east）、西（west）、南（south）、北（north），我就是記不好，就算記住了，別人突然問我，我還是要想好久才能回答，結果寫出來的時候，還是常常錯，到底怎樣才能將那些記不住的知記住呢？

1 透過提問，引導自己記憶

如在學習生物時，總是記不住植物的各種特徵。你就可以藉由觀察家裡的植物，說出植物特徵，以加深記憶。如觀察一盆蘆薈，你就可以問問自己，又厚又軟的葉子裡藏著什麼呢？然後用手掰一小塊看看——很多汁液。再把汁液塗在手上，有什麼感覺？——涼涼的、滑滑的、黏黏的。它可以用來做什麼呢？——蘆薈洗面乳、蘆薈護手霜……透過實作，可以良好掌握知識，而且記憶很深刻，不容易忘記。

2 培養記憶興趣

在學習知識的過程中，如果能夠運用實物、標本、模型等直觀教具，就能產生形象記憶，提高記憶力。如學習地理知識的地球儀。

有的記憶內容關聯性不強，十分枯燥乏味，經常記不住。這時不要強迫自己強行記憶，而是要想辦法將記不住的知識融

第一章　戴上興趣帽，記憶有奇效

入到自己感興趣的話題中。

第二章
保持好心情，改善記憶力

　　為了探討記憶時心情對記憶力的影響，有人做了
一個實驗：讓孩子在以下三種心態下進行記憶背誦：
第一，心情愉快的狀態；第二，心情煩躁、傷心的狀
態；第三，心情淡然、無所事事的狀態。結果發現在
心情愉快的狀態下，受測孩子成績排名在前 30% 左右；
在心情煩躁、傷心的狀態下，成績排名在後 20% 左右；
心情淡然、無所事事狀態下，成績排名在後 40% 左
右。由此可見，讓孩子在記憶時保持愉快的心情有利
於提高記憶。

第二章　保持好心情，改善記憶力

情緒影響記憶

　　一天，媽媽為我準備了她認為營養豐富的早餐，而我不喜歡吃這些食物。為此，我很生氣，和媽媽吵了幾句，一口都沒吃，背起書包怒氣衝衝地上學去了。第一節是國文課，老師講授一首古詩後，讓我們當場背誦。以前我是可以輕鬆背下來的，可那天由於心情不好注意力不能集中，說什麼也背不下來。可見，情緒的好壞在很多情況下都會影響，甚至左右注意力。也就是說，一個人保持積極樂觀的情緒，能提高大腦的工作效率，這是提高記憶力的關鍵。

　　1　改善環境，調控情緒

　　積極營造和諧、民主的家庭氛圍，讓自己放鬆心靈。這樣才能有好的情緒，更重要的是能夠好好讀書，增強記憶，提高成績。

　　2　學會自控

　　當情緒不平穩的時候，要明白負面情緒的影響，以及控制情緒的好處，促使自己懂得情緒是可以控制的，並嘗試控制。

　　3　交流溝通

　　和身邊的人多多溝通交流，這樣才能預防負面情緒的產生，以免因為情緒不佳，影響記憶能力。

4 適當宣洩情緒

人在精神壓抑的時候，如果不尋找機會宣洩情緒，會導致身心受到傷害，影響大腦的正常運作，降低記憶的效果。

5 遺忘或轉移負面情緒

負面情緒雖然難以忘掉，不過是可以轉移的。也就是說，你可以設法使自己的思緒轉移到更有意義的地方，這樣負面情緒在你身上存留的時間就會很短。

每個人都有情緒記憶的能力。唯一的差別在於人不同，情緒記憶的強弱不同罷了。可見，情緒在記憶過程中有著重要的影響，這種影響表現於積極和消極兩個方面。在記憶過程中，如果說我們能發揮情緒記憶的積極面，認真地體驗記憶對象中那些帶有色彩的或容易激起人們情緒的事物，就能大大提高記憶的效率。

焦慮浮躁讓自己分心

我最近煩躁不安、失眠、掉頭髮，總是做夢找不到路、迷路，不然就是夢到被別人追著跑，累的自己兩腿發軟，直到癱倒在地，被人追上並遭到毒打，才會被嚇醒；做作業時上廁所、喝水、吃東西、問事情……就是坐不住；在讀書時，跪著、蹲著、趴著、腳蹺著、搖著……覺得很不耐煩，注意力不能

集中，總是焦躁不安，記憶力越來越差，看過好多遍的東西都記不住。

1　及時排解煩惱

隨著年齡的增長，一些煩惱常會讓我們受到困擾，人際交往中的障礙，他人對自己的誤解，青春期的萌動、讀書難度的增加都會造成負面影響，降低記憶效果。對此要及時排解，一身輕鬆地面對課業。

2　自我暗示

用語言進行自我暗示，如「不要著急，急躁會把事情搞砸」，「不要吃著碗裡的想著鍋裡的，否則將一事無成」，「堅持就是勝利」等等。只要不斷進行心理練習，浮躁的毛病就會慢慢改掉，記憶也會變得更輕鬆。

3　釐清讀書目的，修正讀書態度

只有這樣，才能全力以赴，為自己建立能夠達到的、現實的奮鬥目標，減少失敗受挫的機率，自信心就會增強，讀書就相對輕鬆，記憶力也會更好。

4　立長志，而不是常立志

這對防止浮躁心理的滋生和蔓延是十分有利的。在立志時，要注意揚長避短，根據自己的長處來確立目標，才會有成功的希望，千萬不要無腦跟風。此外，立志要專一。俗話說「無

志者常立志，有志者立志長」。前人立志成才的故事告訴我們立志不在於多，而在於「恆」的道理，防止「常立志而事未成」的不良結果產生。

5　保持樂觀進取的心態

情緒上的波動和不安很容易影響記憶的效果。應努力培養樂觀的心態，凡事要客觀理智地去看，遇到困難不退縮，獲得成就不自滿，有一顆平和的心，才能在讀書過程中，客觀地分析學習中遇到的問題，解決問題，增強韌性和記憶的持久性。

浮躁心理是很多年輕人的通病，表現為盲目行動，缺乏思考和計畫，做事心神不定，缺乏恆心和毅力，急於求成，不能腳踏實地。表現在讀書上，就是讀得很累，但效果不好，總是分心，看過的知識過目就忘。所以在平時的生活和讀書時，一定要克服自己的浮躁心理，保持平和心態，在此基礎上才能進步。

快樂的心情有助於激發人的潛能

媽媽真是煩死了，整天問我考了第幾名，老是拿我和鄰居家的孩子比來比去，真無聊！每次考試，媽媽都特別關心我的名次，掉一名，媽媽就會緊張得不得了，那種緊張程度簡直難以形容！讓我每逢考試心裡都會七上八下，本來記住的東西全

第二章　保持好心情，改善記憶力

忘了，結果讓我考得非常糟糕。有時我真的懷疑，媽媽到底是愛名次，還是愛我？

1　良好的讀書態度

有良好的讀書態度是很重要的，尤其是青少年時期的讀書態度，往往決定著今後人生學習生涯中對待所有學習活動的態度。如覺得讀書令人厭煩，那這種厭煩情緒很有可能就會伴隨一輩子；但如果覺得唸書很有意思，是件快樂的事，那一生都將在這種快樂的正向態度中受益。所以，從這種意義上說，我們必須要做的是不斷地向自己暗示——讀書是件值得快樂的事情！

2　好奇心

好奇是一種偉大的力量。用好奇心去觀看生活，你就會發現生活中處處都有奧妙之處，隨之而來的就是永無止境的學習和探索，將陪伴你的整個人生。正向情緒增加，記憶效果提高。

3　記憶完成後要肯定自己

如：「你在這麼短的時間裡，就背誦了這麼長的一篇課文，真是太了不起了！」這樣，得到了自己的肯定，心情好，讓記憶動機更強烈。

4　掃除掉壞心情

當自己悶悶不樂或者生氣心情不好時，最好不要強迫自己

記憶，而是要吐出心中不快，然後消除，使心情恢復平靜，最好是心情愉悅時，再進行記憶，這時的記憶才有好成效。

從激發人的大腦潛能來說，好心情是很關鍵的因素。因為它是生活的鐘靈之氣，能讓生活的神韻與智慧奔騰流動，激發大腦的想像力，使想像可以天馬行空，充滿詩情畫意；好心情還是大腦的清潔劑，使心靈淨化，雜念盡除，這會使流入大腦的氧氣與營養物質得到最充分而有效的利用，對保持腦力、開發潛能有莫大的助益。因此，保持快樂的好心情，可以持續激發自己的潛能，這是有效增強記憶力不可缺少的無價之寶。只有感覺到了快樂，才會更加努力，才可能創造優秀成績；相反，如果總是在乎分數排名，就不可能靜下心來把心思用到真正需要的地方，甚至很可能會衍生「考試恐懼症」、脾氣暴躁、記憶差等情況。對名次關心少一點，對快樂注意多一點，才能把記憶力開發到極致。

放下「心理包袱」很重要

上了高三後，我總是抓緊每一分鐘的時間讀書，從教室到學生餐廳再到家裡三點一線，連玩的時間都沒有了。雖然抱著「再不努力，我的人生就完了」的想法努力讀書。但越臨近考試，越發現自己出了問題，晚上睡不著覺，上課注意力不能集

中想睡覺。明明剛剛做過的事情，卻總是反覆考慮是不是做完了，已經學習過的知識，有時也記不起來了，還擔心自己是不是漏掉了什麼功課沒做。這些心理上的「包袱」，壓得我喘不過氣來，我要如何排解呢？

1　傾訴法

可以找同學、朋友、家長、老師或到心理輔導機構，把你的困難說給他們聽，一則可以「一吐為快」，二則他們可能會告訴你問題在哪裡，使你「茅塞頓開」，避免你鑽「牛角尖」。

2　哭泣法

哭絕對不是壞事，是緩解焦慮、沮喪和治療憂傷心理的有效良藥，適當的哭泣和笑一樣有益健康。心理學家認為：哭可以緩解百分之四十的精神壓力，減輕高度的心理緊張，避免心理過度波動。所以，想哭就大膽地哭吧，壓抑自己的悲傷情緒對身體有害。要知道，身體是做任何事情的基礎！只有身體好，才能有充足的精力去做任何事情。

3　放鬆法

在諮商師的幫助下，閉目，排除心中雜念，做深呼吸三到六次，使自己逐漸輕鬆舒適感，慢慢冷靜，恢復正常狀態。注意自我調整，減輕焦慮狀態，輕鬆上考場。

4 激勵法

早上起來，我們不妨對著鏡子告訴自己：「我很棒，我可以做到任何事！」或把自信勵志名言作為自己的座右銘，貼在床頭、桌邊，激勵自己。

5 適當休息法

常言道：「磨刀不誤砍柴工。」注意專注讀書、工作和休息的關係，給自己留出放鬆調整的時間，讀書效率才會提高，記憶也會更牢固。

6 移情法

這裡說的移情是指轉移注意力。要堅信「沒有過不去的難關」。當你情緒不佳，覺得心裡不平衡時，去做你喜歡的事，暫時忘掉不愉快，之後可能你會發現，原來以為不得了的事，並不像當初想得那麼壞。

俗話說：「人生不如意事十之八九」但別忘了還有那些如意的一、二。生活中的不如意事常有，為了我們將來生活快樂、健康、人生更加充實、有意義，我們在讀書生活的道路上，必須學會調適心態，使心理由不平衡達到平衡。心理學家研究發現，人在高興、愉悅、輕鬆狀態下讀書，平均智商為 105，但在緊張、憂鬱、焦慮狀態下，平均智商下降至 91，兩者相差十分明顯。心情好時，會增強讀書的信心和興趣，產生讀書的強

烈欲望，在記憶知識內容也相對輕鬆且效率高。而在煩惱、焦慮、愁悶、恐懼時，就會抑制思考活動，降低讀書的欲望和興趣，記憶力會明顯下降。

戰勝記不住的恐懼心理

最近也不知道自己到底怎麼了，無論怎麼學，就是學不會，唉！太累了，每天都過得很壓抑。為此整天愁眉苦臉，還動不動就發火，同學關係也變差，父母也躲著我。我很是困擾，根本不想這樣。只好利用休息時間去諮商，老師告訴我說：「在學校讀書的過程中，隨著知識和內容的增加，總會遇到很多困擾，感到讀書困難，久而久之就對讀書產生恐懼心理。」聽了老師的話，我陷入了深思。

　　1　建立自信心

當自己遇到困難時，可以尋求父母和老師的幫助，讓他們幫助自己分析困難，在他們的幫助和鼓勵下一起解決困難。這樣，有助於培養自信心。自信心強，讀書阻力降低，記憶資料也會隨之輕鬆。

　　2　及時和老師溝通

當自己在課業上產生恐懼心理後，要及時和老師溝通，這樣才能有針對性地找到克服恐懼心理的方法。

3 期望值要適當

在讀書過程中，之所以會產生恐懼心理，經常是因為對自己的期望過高所致。所以，對自己的期望不要太高，要符合自身的能力。

4 學會微笑

笑不僅讓人年輕，又能調節情緒的好方法，還是醫治缺乏信心的靈丹妙藥。在適宜的時機開懷大笑，把自己身上的自卑、苦惱、焦慮、委屈等負面情緒全部消除，鼓起生活和學習的勇氣，讓自己精神抖擻地走向成功。

美國一位記憶術專家說：「這世上沒有所謂記性差的人，大家都有很好的記憶力，只是沒有發揮出來而已。那些自己認為記憶力差的人，只要掌握了記憶的訣竅，就能擁有高超的記憶力。」如果你現在的記憶力不理想，請反思，是否為了取得良好的記憶效果，相信自己的記憶力。像是在背誦課文之前，打從心底相信「自己能記住。」，正向的心理暗示，必將導致良好效果的行動，這是集中注意和得到卓越記憶力的必要條件。如果自己認為自己的記性不好，就會抑制自己的大腦活動而降低記憶力。請記住：「你想你是什麼你就是什麼；你想你能做什麼，你就能做什麼。」戰勝記不住的恐懼心理，堅定信念就能增強記憶力。

平心靜氣迎接考試

我曾是班上排名前三的學生，可高三的三次段考，我的成績都不如從前，名次大有被人取代的趨勢。來到心理諮商室，我講述了自己的痛苦：「老師，我最近覺得我的腦子好像出了問題，一到考試，拿起考卷，我的頭就昏，思考好像停滯了，很簡單的題目，我也不會做了，大腦一片空白，我怎麼變成這樣了？」說著說著，傷心的淚水奪眶而出。聽了我的話，諮商師給出了如下建議：

1　積極的自我暗示

藉由自我暗示，可以調整自己的心境、情緒、意志乃至能力，發揮很大的作用。像是不斷地自我暗示，反覆對自己說：「我已經盡力了，只要正常發揮就好，考試成績如何我都無怨無悔。」這樣的心理暗示就可以讓自己漸漸放下心理包袱，轉移注意力，平靜應對考試。

2　宣洩法

當自己感到焦慮時，首先要知道自己擔憂的問題是什麼，可以找親朋好友傾訴或者借助其他可行的方式加以排解。事實證明，把自己的擔憂與不安講述出來可以降低自己的焦慮，並且容易對問題進行客觀冷靜的分析，還可以獲得別人的幫助。

3 充分休息，保存體力

考前最後幾天不讓自己消耗過多體力、精力去應對大量的練習題，而應放緩複習節奏，讓身心得到休息，養精蓄銳，將最好的狀態釋放在考試那幾天。但是所謂「休息」並非完全放鬆的休息，還是要讓神經保持一定的緊張狀態，這樣有利於激發考試的最佳狀態。像是在最後幾天擬定一個讀書計畫，最後整理一遍知識架構，清除複習盲點、容易錯的地方。

4 反覆按摩內關穴

可以用右手大拇指輕輕地、有節奏地順時針按摩左前臂上的內關穴（內關穴位於手腕向上三橫指正中線上），按摩三十六次就可以。大量臨床試驗證明，按摩內關穴能調節情緒、改善記憶。

如果說好的開始是成功的一半，那麼對於考試而言，調節好心態就是考試成功的一半。考試前，大多數人都會感到有壓力，這是必然的。考前適度的緊張和壓力會促使我們全面、認真地複習。但壓力如果得不到合理釋放、宣洩，會過度緊張、焦慮和慌亂，以致影響考試水準的正常發揮。所以，必須注意考試前和考試時的心理狀態調整，平心靜氣迎接考試，就能在考試中取得理想的成績。

排解壓力，輕鬆記憶

學校生活好難，每天要學的東西都學不完，通常是記住了這個又忘記了那個，總感覺自己記憶力下降了好多，升學競爭又是這樣激烈，我的壓力好大呀！

1　擁有自己的時間

有些青少年常常在父母的逼迫下，去上一些自己根本就不喜歡的才藝班，如學樂器、學語言、學畫畫。一定要和家長溝通，以此來合理安排自己的讀書生活，保證有充足的時間獨處，看自己喜歡的課外讀物。緩解一下課業上的心理壓力，增加記憶的能力，提高讀書效率。

2　時刻關注自己的進步

用正向的心態去應對讀書，激發自己的幹勁和自信，挖掘自己的記憶潛能，完成讀書任務，這對緩解壓力有很多好處。

3　一次只做一件事情

一次專心做一件事，這樣才能一心一意充分運用自己的能力來做好。一次解決一個難題，不僅增加成就感，還能減少因為應付不來而引起的焦慮從而提高記憶的效果。

4　傾訴壓力

當有了壓力後，千萬不可以憋在心裡，一定要找人傾訴。

因為說出來就可以減輕不少。可以把父母當成你的傾訴對象，主動與他們溝通時，他們通常會給你具體的意見，幫你戰勝自我，讓你充滿自信，以積極的狀態面對壓力，以輕鬆的心態去讀書，記住所學知識。

現今的應試教育使得測驗考試的分數、學校的管理制度和方針及整個學校讀書風氣對孩子造成巨大的壓力；升學、就業等問題、民眾對教育的期待會產生無形的壓力；父母「望子成龍」，過分在乎子女的成績，整日逼迫孩子看書，寫作業。有些家庭甚至請了家庭教師，學校作業已經焦頭爛額，還要完成課外作業。有些父母說是為了孩子好，不讓孩子看電影及課外讀物，偶爾參加團體活動，也會多加指責，不給一點放鬆的機會。至於考試成績，更成為父母關注的焦點。孩子成績好，父母便喜形於色，成績差則大發雷霆，甚至惡言攻擊。有些父母對學業怠慢的子女施加暴力，侮辱人格，使青少年感到壓抑，看不到自己的前途，從而走上絕路，成為「逼子成龍」信條的受害者或犧牲品。所以，許多教育研究人士呼籲要給孩子減壓。但是如果完全沒有壓力也是不利於孩子成長的。一個孩子在沒有壓力的環境下難以成才，因為沒有足夠的壓力使他前進，沒有相應的力量可以塑造他的心靈，他的潛力就得不到開發。有句話說得好：「身無壓力輕飄飄。」這是有一定道理的，但是沒有了壓力，就沒有了前進的動力。

學會控制自己的負面情緒

我知道自己不是什麼好孩子、好學生，因為我會莫名其妙生氣，控制不住地去管閒事，還會經常與別人動手打架，還會和老師頂嘴，成績又差，記不住老師講的東西⋯⋯總之，我就是老師同學眼中的惡魔、壞孩子。可是我真的不想這樣下去了。上了國中，我希望自己有個好的開端，但也許我命中注定就是一個愛惹麻煩的壞小孩吧！

1　體察自己的情緒

像是提醒自己注意：「我現在的情緒是什麼？為什麼會這樣？有什麼樣的影響？是不是需要調整？」學著體察自己的情緒，是情緒管理的第一步。

2　表達自己的情緒

不良的情緒可能來自於自身的原因，也可能來自周圍人員的不當行為。如果是因為他人，可以使用一些婉轉的或者適當的方法，向造成這種情緒的人表達出來，從源頭上消除，以免影響自己的情緒，進一步影響到記憶力。

3　轉移自己的負面情緒

轉移負面情緒可以使人從負面情緒中解脫出來，從而激發積極、愉快的情緒反應。如當自己情緒不好時，可以做一些自

己平時感興趣的事，做一些自己感興趣的又有意義的活動，使自己從負面情緒中解脫，以免影響正常的生活和課業。

4 學會控制情緒

控制情緒就是要做到「喜怒有常」和「有度」。喜不能得意忘形；怒不可暴跳如雷；哀不能悲痛欲絕；懼不能驚惶失措，做到「喜怒有度」。否則，自己的身心健康就會受到情緒的影響，影響讀書和記憶。

情緒是人的心理活動，正向、快樂的情緒有益於個人的身心健康，有益於個人的智力發展；反之，消極、不良的情緒會影響個人的身心健康，抑制個人智力的發展和正常水準的發揮。尤其青春期的孩子情緒表現又很不穩定、不成熟，容易衝動且膚淺、強烈、不協調，兩極性明顯，自我控制能力較差。根據自己情緒變化的特點，合理宣洩負面情緒，主動調控心態，保持積極、良好的情緒狀態，克服負面情緒是當務之急。

心情不好別記憶

我放學回家，書包還沒放下，爸媽已經開始嘮叨了：今天在學校都學到了什麼？都學會了嗎？作業寫完了嗎……或許在他們看來，這些話都是為了我好，都是為了我能夠取得好成績，將來出人頭地，但是當他們說這些的時候，我都覺得

第二章　保持好心情，改善記憶力

厭煩、壓抑。根本就沒有繼續唸書的心情，更別談記憶所學知識了。

1　進行令人愉悅的活動

如盪鞦韆、放風箏、垂釣、游泳、雙手接球（或物）等運動，能夠擺脫壞心情。這是因為，每天盪鞦韆二十分鐘，大腦分泌的「多巴胺」會增加百分之八十。放風箏不僅能享受空曠地區的新鮮空氣，放線、收線也鍛鍊了臂力和眼力，使心胸跟著風箏起飛而開闊。一般游泳或在水中跑步二十分鐘左右，能讓一個沮喪的人迅速平靜下來。雙手接球的練習需要高度集中精神，可驅除雜念，如憤怒、不安和沮喪等負面情緒。知道這些運動可以掃除壞心情之後，只要心情不好，就可以做這些「快樂運動」，讓自己快樂起來，幫助增進記憶效率。

2　轉移注意力

因為情緒常常伴隨感覺發生，而注意力是人們感知世界的關鍵。苦悶時、發怒時大腦中都有相對應反應強烈的興奮區，這時需要建立另一個興奮區。如有意識地聽一段音樂，看一場電影，或者找朋友們談談話、玩一玩，都有利於情緒的鎮定。

當自己情緒不佳時，即使坐到書桌前去讀書，讀書效率也會很差，甚至還可能因為長時間的被動讀書，將讀書視為一種負擔，對讀書產生厭倦，更加討厭接受新知。所以快樂還是

不快樂，直接影響著人們的讀書狀態和效果。快樂的人在學習新知時充滿正向情緒，在讀書的過程中也總是充滿熱情，這對他來說是非常輕鬆自在的一件事；不快樂的人，精神狀態總是非常消沉，學習新知對他來說是一個沉重的負擔，學與不學差別不大，看了也跟沒看一樣，不會留下任何印象，根本記不住。在過程中也體會不到學習新知的快樂和戰勝困難的喜悅。正是因為這樣，當讀書產生不快樂時，立即喊「暫停」才是當務之急。

第二章　保持好心情，改善記憶力

第三章
好習慣讓記憶變得更有效率

　　擁有非凡的記憶力大概是很多人，尤其是學生夢寐以求的事情，其實好的記憶力就來自於生活中好習慣的養成。良好的讀書習慣對於人一生的學習有著極大的影響，因為它是不容易改變的東西，它是助人走向成功的法寶。可見，習慣是一種頑強而巨大的力量，它可以主宰人的一生。

第三章　好習慣讓記憶變得更有效率

選好時間，記憶高效率

　　我的爸爸也不知道是從哪聽來的，想讓我照著「最佳記憶時間」唸書，這樣不僅打斷了我已養成的唸書習慣，還讓我錯過了對我來說真正的最佳記憶時間，這讓我既無奈又遺憾，應該讓我結合自己的個體記憶情形，自主安排最佳記憶時間。

1　擬定記憶各門學科的時間表

　　根據每個人大腦的記憶規律，擬定出每門學科的最佳記憶時間，進行合理地調配。然後按照時間表，及時讀書。

2　用好課堂時間

　　課堂時間雖然只有短暫的 45（國中）到 50 分鐘（高中），好像學不了多少知識，只要課後多多複習或充實課外知識就沒什麼問題。其實不然，課堂是我們獲得知識的主要途徑，如果掌握不好，很多需要記憶的知識我們就不能理解。即使利用最佳記憶時間，也無法彌補在課業上的漏洞。所以一定要掌握課堂時間，這是提高記憶、保證讀書效率的基礎。

3　合理利用「大腦興奮時段」

　　不分晝夜地疲勞轟炸，不僅會影響身體健康，還會影響讀書效率。要了解自己大腦皮層的最佳興奮時段，把一天中比較重要的任務放在大腦興奮時段完成，這樣花較少的時間可以完

成較多的工作，從而產生有效利用時間的成就感。久而久之，有利於培養有效利用時間記憶的好習慣。

4 掌握科學的記憶方法

如應用「時間記憶法」，主要是依據每人生物鐘的不同節奏安排不同的記憶內容 —— 讓時間佳度與記憶內容對等。即在最佳記憶時間裡記憶最難記憶的內容；在中等佳度的時間裡記憶中等難度的；在不佳時間裡記憶簡單的知識。

所謂的「最佳用腦時間」，就是一個人要清楚自己適合在什麼時間讀書，什麼時間讀書效率最高，這個時間就是「最佳用腦時間」。在「最佳用腦時間」裡，讀書效率才是最高的，記憶效果是最好的。依照「最佳用腦時間」的不同，把人分為三類：第一類晚上頭腦格外清醒，屬於典型的「貓頭鷹型」，這類人晚間的做事效率高；第二類是白天頭腦格外清醒，屬於典型的「百靈鳥型」，這類人白天的做事效率比較高；第三類是上午九點到十點達到效率的最高峰，下午兩點到三點維持在一天的平均水準，之後逐漸上升，到晚上七點之後又達到新的效率高峰，屬於典型的「混合型」。根據大腦活動的特點和規律，掌握用腦的「黃金時間」，在大腦活動功能最好的時間工作、唸書，才能取得最佳的記憶效果。

養成主動學習的習慣

　　爸爸、媽媽，請你們給我一些自由時間可以嗎？請不要總是管這管那，我已經長大了，是個大人了。有時我真的忍受不了你們的管教方法，所以會反抗，我知道這樣不好！你們知道嗎？這直接影響了我們之間的和諧，也嚴重造成了我的苦惱、煩躁、情緒低落，一點都不想主動，成績不斷地下降。

1　培養、保護自己的讀書興趣

　　「興趣是最好的老師」，人對自己感興趣和關心的事情總是記得很牢。如果對一件事不感興趣，就算重複好幾遍也不一定能記住。因此，只要把知識融化於興趣之中，不管多難記憶的東西都可以順利掌握。

2　「逼」自己一下

　　該做的事沒有做完，而又想去玩的時候，不妨強迫自己坐下來，把任務完成。你會發現，少玩一點並沒有什麼損失，而履行了自己的諾言，卻能使你心理上感到輕鬆愉快。

3　對自己充滿信心

　　研究顯示，如果沒有自信，腦細胞的活動便會受到抑制，使記憶力減退。只有建立了自信，才能進入好的循環中，開始主動學習，這是記憶力增強的基礎。

4 培養主動的學習方式

多表達自己的見解，歸納成功與失敗的原因，培養自己的學習能力；多交學習夥伴，和同學共同學習，共同完成一項任務，和夥伴共同分享成功的喜悅；多參加實作活動，讓自己獲得體驗的經歷，在交往中學會合作，在探究中獲得知識和學習的能力。

5 營造良好的家庭氣氛

壓力大的人通常有情緒波動大，自我控制能力差等特點。因此，一定要用良好的心態對待他人的嘮叨、指責、數落甚至是訓斥，培養自己良好的學習和生活的習慣，才能在平和、寬鬆、寧靜的氛圍中進步。

6 培養自主學習的觀念

這是提高自主學習能力的關鍵。一定要重視培養自己的讀書興趣、態度和求知慾，自主學習活動才能獲得成功，而成功的體驗又能促使自己進一步學習，這種學習動機才是最穩定、持久的。

7 自主安排讀書和生活

如在假期中，安排自己的讀書和生活，增加生活的樂趣，使自己產生強烈的求知慾和主動探索的興趣。不過，安排練習要做到由淺入深、由簡到繁，充滿多樣性和趣味性。這樣，面

第三章　好習慣讓記憶變得更有效率

對功課時就不會因為太難而望之卻步，而是躍躍欲試了。

有人說，心田是一塊神奇的土地，播種了一種想法，便會有行為的收穫；播種了行為，便會有習慣的收穫；播種了習慣便會有品德的收穫；播種了品德，便會有命運的收穫。也有人說，行為養成習慣，習慣造就性格，性格決定命運。這些話似乎有些武斷，但良好的習慣對人生的確非常重要。正如培根（Francis Bacon）所說：「習慣是一種頑強而巨大的力量，它可以主宰人生。」可見習慣對人一生的用處之大無可代替。

若想培養良好的讀書習慣，以下幾個面向不容忽視：一是養成正確的讀書、寫字、上課聽講、看黑板姿勢肢體上的習慣；二是養成上學帶齊課本和讀書用具的習慣；三是養成熱愛閱讀的習慣；四是養成自主學習、準時完成作業的習慣；五是養成上課認真聽講、集中注意力的習慣；六是養成善於提問、勤於動腦的習慣；七是養成善於觀察、思考的習慣；八是養成善於討論交流的習慣；九是養成講究讀書效率的習慣。

交替學習符合記憶規律

有一天，朋友問我是如何安排自己一天的讀書計畫的？我告訴他說我的讀書計畫是千萬不要長時間讀同一種類型的課程，不僅無法取得好的學習效果，還會產生厭學的情緒。這種

情況下，就要交替安排記憶內容，才不會感覺到累，而且效率還非常高呢！

1 國文數學交替學習

人的大腦左右分工不同。左腦側重於邏輯與抽象思維，右腦則重具體形象思維。所以在做數學習題時，左腦容易疲勞。這時就要適當地調節大腦的思維，變換一下學習內容。可以做國文作業，也可以背英文單字。大腦左右半球輪流得到休息，才利於提高讀書效率和記憶效果。

2 新舊知識交替學習

從心理學的角度來說，舊知識是學習新知識的前提條件。在學習新知識的時候，可以依靠舊知識來加強記憶。因此，在學習新知識時，可以連結對照舊知識，使新舊知識交替進行記憶。這樣可以對新知識加深理解，還可以複習舊知識。

3 讀書與娛樂交替進行

一個人的精力是有限的，不可能長時間地從事一項工作，當認真到一定時間後，也就是在過程中感覺疲勞時，可以運用記憶與娛樂交替的方法。如到室外去散步十分鐘，或者做做小運動讓肢體得到放鬆。這些娛樂活動既可以避免讀書疲勞，也可以延長大腦興奮的時間，更可以減少讀書壓力與痛苦。

4　上下課交替

學校每天都會安排學習各式各樣的課程，記憶有一定的困難。為了減少學生的課業負擔，會在課與課之間安排十分鐘的休息時間，一方面用來調節同學們身心，一方面讓大家做好下一堂課的準備。這個準備不僅包括物質準備，還包括精神狀態的準備。因此，必須以適度的活動來調節自己的精神狀態。如到操場走一圈或做做護眼操等等，對下一堂課的學習和記憶都將會有更好的效果。

交替記憶法又叫分布記憶法或重視頭尾記憶法。這是把不同性質的記憶對象按時間分配、交替進行記憶的方法。長時間單純記憶一種知識的效果不好，因為具有相同性質的資料對腦神經的刺激過於單調，時間一長，大腦的相應區域負擔過重，容易疲勞，會由興奮狀態轉為保護性抑制狀態，往往表現為頭昏腦脹，注意力不集中，這就不利於記憶。所以一定要合理規劃用腦策略。

養成做課堂筆記的習慣

經過這麼長的讀書生涯，我有一個深刻的體會：要想記住一樣新東西、新課文、新內容，閱讀十遍，不如手寫一遍。當時我並不知道這是為什麼。後來問老師才知道，原來記筆記

的時候，眼、心、口都在動，注意力相對集中，所要記憶的知識，印象就深刻。所以，要想功課好，一定要養成做課堂筆記的習慣。

1　記重要內容和舉例

老師所講授的重要內容，一定要盡自己最大的努力記錄下來。如特別提及的重點，重要的思考方法，典型的例子，獨到的見解等。這些都對我們掌控重點，提高學習效果和記憶能力十分有幫助。

2　略記

就是只記錄主要內容，次要內容略去。這樣，可以省出時間來思考問題。這種方法適用於數學、物理、部分化學課程等。因為這些課程的前後內容緊密聯繫、邏輯性強，各種公式關係較多，只要掌握核心內容即可，其餘問題可由此推出。至於公式的推導過程更不用詳記，只要把推導過程中關鍵的假設、轉移、使用的定理等記下即可。

3　詳記

就是把課堂上講的知識，盡可能地全面記下來。這種方法適用於國文、英文、生物、部分化學課程。因為這些課程的內容比較散，各部分之間的邏輯關聯不強，而且各部分內容的重要性和分量比較平均，如果紀錄不完整，容易產生不連貫、不

全面的現象。但要詳記，對於寫字慢的人來說並不容易。這時就要做到記錄方式多樣，可以是文字，也可以是自己按照想像畫的草圖，也可以是數字，更可以按照自己的喜好隨便塗畫。

4　補記

在課堂上所做的筆記，因為要跟著老師講課的速度進行。而一般情況下，每個老師為了讓同學們更好地理解知識，都會詳細分析。因此，話就比較多，而且有些學生又抓不住重點，而老師的講課速度也為了趕進度加快。這時，筆記就會出現缺漏、跳躍、省略、簡化甚至符號代文字等情況，不適合以後複習使用。因此，在回憶的基礎上，要及時做修補，使筆記更完整，方便系統記憶所學知識。

5　符號速記法

在記筆記的時候，為了節省時間，可以用特定的符號來代替。如∵ —— 因為、∴ —— 所以。

6　注意關鍵字和線索性語句

關鍵字是指在講課內容中具有重要地位的詞語，它可以作為記憶的開關。線索性語句是老師用來提示即將出現的重要資訊的語句，如「下面這幾點非常重要」、「考試時要考的主要方向是……」、「容易混淆的內容有」等。一聽到這些重點語句，下面就是老師所講的重要內容，此時就要特別注意記錄。

7　記錄課本上沒有，而老師講授的內容

有時為了能更有條理、更深入地講解某個問題，老師往往會補充一些課本上沒有的知識，把這些東西記下來，不僅有利於以後的複習，還能讓自己深入地理解記憶課本上的重點，更能豐富自己的知識含量。

8　把握記筆記的時機

即當老師在黑板上寫字的時候，這時記筆記不會分散注意力，也可以在老師重複講重點內容時記筆記。

人的記憶是有限的，也經常會遺忘，一時記住並不等於永遠記住。因此，需要把重要的知識用筆記下來，方便複習和查閱。可見，記筆記是掌握知識的重要方法，也是學生課後複習功課的主要資料。所以，我們絕不能輕視筆記的作用。但是千萬不要抄別人的筆記。由於不同人對同一問題的不同理解，記筆記的角度和方法也都不同，筆記的內容也會不同。試想，你拿著不屬於你的筆記，如何能增強屬於自己的記憶呢？

溫故而知新

我每天都要面對著不同的課業困擾，如所學知識的難度增加，每節課的資訊量也不斷增加，單憑在課堂上聽講，已經很難完全記憶這些知識，也很難完全聽明白老師所講的內容……

第三章 好習慣讓記憶變得更有效率

為此，我一度想放棄。後來，媽媽知道後，告訴我這個問題並不可怕，可以用複習來解決。按照媽媽的方法，我慢慢養成了及時複習的習慣。這一段時間下來，我深深感覺到遺忘的知識重新拾回，零散的知識變得系統且緊密，記下來的知識更加鞏固。

1 養成良好的複習習慣

在複習中遇到問題，不要急於看書或問他人。而要先想想，後看看、再問問。這對於集中注意力，強化記憶，提高讀書效率都十分有益處。在每次複習的時候，要先把上次的內容回憶一下。這樣做不僅保持了讀書的連貫性，複習腦中的舊有知識，而且對記憶的連續、穩固都有良好的效果。

2 播電影

所謂「播電影」，就是利用休息的時間，回憶老師在課堂上講過的內容。不允許看書，全憑大腦想，使老師講課的內容在大腦中重現一遍。如果不能回憶出來，就要翻看課本記下，並重新記憶。

3 採用多種方式進行複習

長時間用同一種方式複習效果不好。所以，要變換一些複習方式。如複習國文英文，可以朗讀、背誦、默寫等方式變換進行。複習數學，可以記公式、做習題互相變換。

4　用筆複習

一邊複習，一邊將自己回憶出來的重點，以及自己的複習成果、心得寫在筆記本上。勤動腦與勤動手系統地結合。

5　注意點、線、面的結合

點是指每天的複習，如果學習的內容不多，只要注意配以相對應量的習題複習就可以了。線是指階段複習，也就是每隔一段時間，把零零碎碎的知識串起來。如當一個單元或章節學完以後，都應該將這一單元或章節的內容從頭到尾複習一遍。面是指期末總複習，可以用圖表把學過的知識串聯起來，或者採取編寫提綱的方式整理學過的內容。

6　適當做些題目

這些題目的選擇不是盲目的、隨意的，而是要圍繞複習的核心觀念來選題、練習。而且在解題前，要先回憶一下過去做過，類似題目的解題思路，在此基礎上再練習，效果會更好。一方面可以檢查自己的複習效果，加深對已學知識的理解，培養解決問題的能力；一方面加深自己知識的完整化和系統化的理解，培養綜合運用知識的能力。

7　定期進行錯題回顧

準備一個錯題本，對錯的題目進行再次練習是提高成績的法寶。無論是在考試中，還是在平時作業裡出錯的題目，不能

採取不聞不問、錯就錯了等等態度，而應該知道錯在哪裡，為什麼會錯，應該怎樣改正，避免以後再錯。這樣做不僅可以改正錯誤，加深印象，還能對相關知識進行再記憶。

8　採用交替複習的方式

像是前 20 分鐘複習國文，休息後換成數學，之後再換其他的科目，這樣複習的好處是不會對某一科目產生厭倦，時刻保持大腦的興奮狀態，提高記憶的效果。

人的記憶是有限的，且會隨著時間的流逝而逐漸消失，使原本已經學過的知識被遺忘。所以及時複習是十分必要的。複習是對前面學過的知識進行再記憶，進行系統再加工，並根據學習情況，進行調整。這個複習過程不但有利於鞏固課堂學習內容，還能將知識系統化、條理化，可以減少遺忘，加深對知識的記憶。單單理解複習的益處還不夠，還應掌握好的複習方法。如從時間安排上，可以當天複習新知識，每週進行小結，每月進行階段性回顧，期中、期末進行全面、系統的學期複習。在內容上，每科知識及時複習，每單元進行重點整理，每章節進行重點歸納，把相關知識串聯在一起，建構知識網，加深記憶。

累了，就玩一下下

　　學習的科目多，資訊量更多，我常常感到壓力好大，讀書效率也逐漸降低，而且經常感到身體不舒服。這到底是怎麼回事呢？我該怎麼辦呢？為此，我煩惱了好長時間，做什麼都沒有心情。後來，老師告訴我說，讀書累了要玩一玩，做到適當休息，這樣，記憶效果才會好。

1　在玩中讀書

　　在玩遊戲時，可以有意識地選擇一些益智類的，開發思考能力，讓玩也可以成為讀書的一種工具。

2　重視問題

　　在玩的過程中難免會產生一些疑問，對此，要耐下性子，不厭其煩地尋找答案。

3　控制玩的時間

　　玩遊戲雖然能夠讓人休息，但千萬不能因此讓自己將所有的時間都投入到遊戲中去，這樣難免會耽誤功課。

4　放鬆視神經

　　同學們可以利用下課時間休息的時候，走出教室呼吸一下新鮮空氣，眺望遠方，看看遠處的花草樹木，使自己疲勞的眼睛得到恢復，有利於保護自己的視力，為下節課的學習、記憶

效率提供必要的條件。

5　活躍氣氛不可少

在上課的時候要認真地聽講，精神處於高度集中的狀態。一般來說，課堂氣氛很嚴肅。所以，下課後不妨三五成群地玩耍，可以講故事，說笑話，盡情跑跑跳跳。這對緩解緊張情緒，放鬆心情都十分有益。

6　體育活動也是一種休息方式

經過一節課的學習後，已經出現疲勞，不妨進行體育活動，讓運動中樞興奮，讓思維中樞得到休息，有助於提高讀書效率，增強記憶力。

7　合理分配精力

連續用腦容易使大腦產生疲勞，結果是事倍功半。學習精力若分配不合理，讀書效率就不高，記憶效果也不理想。

8　適當減輕課業負擔

除了要完成老師交代的作業，有時還有家長給的作業，做才藝班老師的作業……這樣一來很少有時間休息。所以，要根據自己的愛好和能力，選擇適合的學習內容，確保自己有時間休息，有機會做到適當休息，從而高效讀書、輕鬆記憶。

有時候需要學習的科目多，知識含量大，如果不能進行自我調節，一味地增加壓力，不僅讀書效率無法保證，還有可

能帶來意想不到的危害，甚至是損害身心健康。尤其對學生來說，休息很重要。選擇合適的休息方法有時效果比一味讀書更好。善用交替學習，像是腦力與體力交叉，用眼與用耳交叉，抽象思維與形象思維交叉……這些都可以使人體潛能充分發揮，提升記憶的能力。因此，一定要定期休息，養成適當休息的好習慣。

培養持之以恆的習慣

在日常生活和讀書中，我常常虎頭蛇尾，興致來了做得很好，一旦興趣消失便不做了，而且缺乏恆心，耐力不足。如遇到計算題，根本不想筆算，千方百計找出計算器，一下子就解決了。不論是寫作業，還是做事情，都馬馬虎虎，得過且過，只要快就好，根本不管什麼結果。所以，成績越來越差，身邊的人急得半死，我依然無動於衷。直到有一天，老師講了他自己的奮鬥故事後，我才深受感動，知道了要想學得好，記憶好，一定要改掉這些不良習慣，培養持之以恆的好習慣。

1 做事有始有終

對讀書和生活中的任何一件該做的事情，都嚴格要求自己有始有終地按預定計畫完成，絕不允許半途而廢。這種能力必須培養。因為，這一過程有助於記憶力的提升。

2　克服惰性

人都有惰性，培養毅力就要從小事做起，克服惰性。如果碰到不懂的問題，就不可以明天再說，要讓今日事今日畢，不助長自己的惰性，這會延誤加強記憶的時機。

3　培養主動性

不能有被迫唸書的感覺，要培養自己的主動性。任何被迫的感覺都會產生叛逆心理，造成可怕的惡性循環。在叛逆驅使下，不但沒有恆心和毅力可言，就連原本有的積極都會被壓制。在做任何事情時，特別是唸書方面的事情，都要盡量讓自己主動去做，這樣才能在頭腦中留下深刻的印象，增強記憶的持久性和牢固性。

4　長期堅持運動

如跑步和乒乓球等等。不僅可以鍛鍊身體，而且能夠磨練意志、培養毅力。

5　建立追求成功的強烈願望

頑強的毅力是與強烈的願望聯繫在一起的。要成功，必須有強烈的成功願望，願望是行動的出發點，一切活動都發源於願望，有了成功的願望，才能為自己的願望而不懈地去努力、去行動，這樣行動才會產生極大的毅力。而這種毅力也恰恰是鞏固記憶的基石。

　　古人云：「勤學如春起之苗，不見其長，日有所增；輟學如磨刀之石，不見其損，日有所虧。」這些都充分說明學貴有恆，讀書成敗的關鍵在於是否具有勤奮的態度、堅韌的毅力。頑強的學習毅力能讓人持續發展，然而，不少人雖然有良好的智力和優越的讀書條件，但由於學習毅力差，貪玩、怕苦、畏難，而難以取得很好的成就，有的甚至成為有學習障礙的人。而有的人雖然智力一般，讀書環境也不見得好，但卻憑著頑強的學習毅力，取得了良好甚至優異的成就。由此可見，頑強的學習毅力是學生取得學業成功的重要因素。

獨立的讀書習慣有助於記憶

　　在讀書的過程中，每當遇到難題的時候，我總是希望得到他人的幫助，希望他們可以直接把答案告訴我。這樣，我就可以節省出一些時間去記其他知識。想法雖好，但這樣做雖然能解決我當時的問題，但在不知不覺中，我逐漸養成了依賴他人的習慣，遇到問題時再也不獨立思考了，再也不自己去尋找答案了。久而久之，嚴重影響了我對知識的學習與記憶。

1　擬定讀書計畫

　　在訂讀書計畫時要具體，應該包括學習內容、讀書時間、讀書進度和監督措施，這樣有利於自己執行和他人監督。

第三章　好習慣讓記憶變得更有效率

2　掌握讀書方法

預習、作業、複習、自我測驗都是有些技巧的。在自己不太清楚的情況下，可以請他人引導。掌握讀書方法，借鑑經驗，堅持實施，逐漸具備獨立學習能力。

3　學會正確思考

一遇到難題就求助，這是缺乏獨立思考習慣的典型表現，主要表現為思考能力較差，因而獨立學習能力不高，課業進步緩慢。對此，要想獨立學習，一定要用自己的思考解決難題，可以以查字典、查百科全書、查資料的方法去尋找答案。這樣做引發了自己學習的欲望，又使自己掌握了讀書方法，培養了獨立思考問題及獨立解決問題的能力，讓記憶更深刻。

4　培養獨立學習的積極性

當自己獨立完成作業或者以自主思維解答出了問題，都會有強烈的自豪感。這樣就會激發自己的學習積極性，一步步使自己成為學習的主體，逐步擺脫依賴心理，形成獨立學習能力。

5　把握一切機會提出問題讓自己思考

如去博物館時不要走馬看花，簡單地欣賞作品。不妨問自己「這件文物的歷史背景是什麼，文物反映了人們怎麼樣的生活型態」之類的問題讓自己多多思考。

獨立自主在個人成長過程中是一項很重要的能力。一些國

家的做法很值得借鑑。在日本，孩子可以在學好功課的同時，利用課餘時間做那些力所能及的家事和到外面賺錢。但是，在實際生活中，有些孩子往往對父母過分依賴，自理能力差。之所以會這樣，主要是因為家長「習慣性」包辦。如幫孩子收拾書包、洗衣服、打掃房間等。這些本該屬於孩子自己的事務一旦被父母們「習慣性」地搶過去做了，孩子們還能做什麼呢？他們的自立能力又從何訓練呢？孩子的自立能力的進步，關鍵是要給孩子自理的時間和空間，把屬於孩子的經歷還給孩子，屬於孩子的事情交給孩子去做，這樣孩子才會在做的過程中，實踐記憶中的知識。

今日事，今日畢

我一直很愛唸書，有自己的理想和目標，這學期開始，我擬定了詳細的計畫，每天什麼時候，要做什麼事情，記哪些東西都有明確的計畫。但是，令我苦惱的是，這個計畫僅僅執行了一週，第二週便不能執行了。有時是忘了這個時間應該做的事情，乾脆下面的也就不想做了；有時感覺很累，什麼也不想做，就對自己說，明天再做吧，結果第二天又沒有做……我該怎麼辦呢？

第三章　好習慣讓記憶變得更有效率

1　增加緊迫感

缺乏緊迫感是不願準時完成一件事的主要原因。因此，要及時告訴自己時間不多，不要隨便浪費時間。

2　整理知識

要想完成當天的任務，就要整理當天的知識，使其能夠精確地植根在頭腦裡。如每天給自己安排一段時間，把當天所有的課程列成一個表格，再將表格以科目、重點、困難處、疑點的形式列出來，然後加以鞏固和記憶。整理完後，我們可以把自己想像成老師，根據當天的學習內容出一些題目。做完這些題目後，對照參考書給自己評分，以實踐檢驗的方式來檢查自己是否消化了知識，是否完成了當天的記憶任務。

3　跟自己說「不要等到明天」

在讀書的過程中，當自己第一次說「今天太累，明天再做吧」時，就努力想一想：明天還有明天的事情呢。嚮往明天，等待明天，而放棄今天的人，就等於失去了明天，結果是什麼也學不會、記不牢的。

4　沒有完成記憶任務時，適當懲罰自己

如當自己想把今天的讀書任務拖到明天時，就要小小地懲罰一下自己。可以貼著牆站十分鐘，在這一過程中你也許會想：與其接受懲罰，還不如完成讀書和記憶的任務呢！

5 按任務的輕重緩急安排記憶順序

事情一般分為：重要而緊迫的事情，如考試、測驗；緊迫但不重要的事情，如完成家庭作業；重要但不緊迫的事情，如提高閱讀能力；既不重要也不緊迫的事情，如果時間不允許可以不做，如玩耍、逛街等。

6 克服「貪玩」的習慣

貪玩是天性。如撲克、撞球、遊戲機等都很有趣，甚至會使人上癮。但玩畢竟不是功課根目標，過於貪戀玩樂而影響功課就本末倒置了，不僅影響身心的健康發展，還會對記憶力的提高有影響。

俗語說：「時間就是生命。能夠管理自己的時間，就是掌握自己的生命。」但是，對很多人來說，時間是一個摸不著、看不見的抽象概念，要他們管理好自己的時間，只有持續不斷地用生活中的具體事件，讓他們反覆練習，並能按照規劃去應用。簡單地說：能按照既定的規劃去應用時間，把要做的事在規定的時間內完成，就是「時間管理」。只有合理有效地利用時間，我們才能在短暫的時間內發揮最大的效率來讀書，增強記憶的效果。

作息也是增強記憶力的關鍵

快要考試了，為了取得優異的成績，我在複習時，覺得時間相當寶貴，因此睡覺都不敢多睡，生怕浪費時間。可這並沒有提高我的讀書效率，反而覺得睡眠不足，經常感到大腦昏昏沉沉，經常睡眼惺忪地閱讀，記憶效果相當糟糕。為此我很著急，更加吃不下、睡不著，記憶能力就越來越差了。

1　與家長一起討論睡覺時間

處於叛逆期的學生，往往對父母定下的睡覺時間不太能接受，該上床睡覺時，卻一點都不想睡。因此，可以跟家長一起商量，定出一個彼此都能接受的時間，這樣就比較容易接受規則。

2　制定作息時間表

應該有固定的生活作息，知道什麼時間該做什麼事，養成規律的生活習慣。製作一個作息時間表，可以用活潑的圖畫呈現每個時間該做的事。以 24 小時制為例：在 18：00 的格子畫電視，表示可以看電視；19：00 的格子畫一個碗表示吃飯時間；20：00 的格子畫一本書，表示唸書時間；22：00 的格子畫床，表示該上床睡覺了。

3 營造利於睡覺的氛圍

到了休息的時間，全家一定要保持安靜，可以放一些自己喜歡聽的輕柔音樂，為自己創造一個寧靜的氛圍，使自己迅速進入睡眠狀態。

有規律的作息是健康的保證，也是記憶高效率、讀書效率的保證。然而在日常生活中，卻有許多人的作息時間不規律。有人因為白天的工作、課業較重，精神壓力太大，導致晚上躺在床上「數星星」。有的事情拖延，很多事情做不完，所以到了休息時間不能睡……這對記憶力來說極為不利。所以，為了自己未來有良好地發展，一定要養成規律的作息。這樣才會在第二天有充足的精力生活。

遵循記憶規律效果好

無論我多努力強迫自己記憶越來越多的知識與資訊，效果都不是很理想。為此，我曾想自己是不是太笨了，懷著這樣的心情，我去問媽媽，媽媽聽後，嚴肅地告訴我說：「孩子，你不笨。知道嗎，人的智力是差不多的，只是你沒有了解記憶的規律，沒有掌握記憶方法，效果才事倍功半，並且越來越沒有信心，只要你嘗試改變，記憶效果自然就會提高的，不信你試試看！」

第三章　好習慣讓記憶變得更有效率

1　尋找本質

規律記憶要求我們確實了解資料之間的聯繫，並從大量紛繁複雜的資料中找出本質的東西，得出統一的定理、法則、公式。如果淺嘗輒止、一知半解，則是不可能進行規律記憶的。

2　在理解的基礎上找出規律

如歐姆定律，理解電流與電壓成正比，電流與電阻成反比。這樣就很容易把歐姆定律記住了。

3　重複次數不宜過多

在剛剛開始記憶資料的時候，人的記憶處於高度興奮狀態，但隨著重複次數的增加而逐漸降低，最後產生記憶的壓制過程。按照這一規律，記憶知識時並不是重複的次數越多越好。一般情況下，一份資料重複三到五次就可以了，否則就會產生精神上的牴觸。

4　資料不宜過多

每次記憶的資料總量不要過多，否則容易產生大腦疲勞，使記憶效率下降。正確的做法是把記憶的資料數量控制在能一次完成的範圍，在記憶完成後，還覺得有餘力再從事其他的學習活動。

5　做好心理調節

記憶之前，必須做好心理調節，建立起自信心，相信自己

一定能掌握這些資料。千萬不要在記憶之前先懷疑自己，擔心自己背不下來。記憶過程中也要控制好自己的心態，不能急躁，急躁會破壞心理平衡，使大腦出現抑制現象，讓自己無法順利完成記憶。

所謂規律記憶法，就是找出要記憶的事物之間的聯繫和規律，從而有助於記憶效果。這是因為規律具有普遍性和重複性的特點，只要抓住事物的共性，就能產生連結。可見，運用規律進行記憶就是一種較為高級的記憶方法，它可以減輕大腦記憶的負擔。

反覆思考記憶好

以前上小學時，我在課堂上總是能積極舉手發言，而且不懂就問老師，為此老師還經常稱讚我。在老師的鼓勵下，我更加愛問了，為此課業興趣一直名列前茅。可是隨著升學，學的知識越來越難了，不會的也越來越多了，需要問的也愈來愈多了，也養成了想都不想就去問別人的習慣。不懂就問本來是好事，但我發現，雖然問題能很快解決，但是卻記不住多長時間，怎麼辦呀？

1 給自己思考的餘地

在與他人的交談中，經常要以商量的口氣，進行討論式的

協商，留給自己思考的餘地，提出自己想法的機會。像是：「這兩者有什麼關係？」、「你們覺得怎麼做會更好？」等問題讓自己思考。

2　營造思考的氛圍

在生活環境中，營造思考的氛圍可以形成個人獨特的個性，表現創新意識的思考、舉動非常重要。把自己看成是一個完整的、獨立的個體，有自己思考的世界，擴展自己思考的空間。

3　獨立思考

大腦就像一臺機器，越用越靈活，經常不用就容易「生鏽」。為了不讓大腦「荒廢」，就要多思、多想，養成獨立思考的習慣。如遇到疑難問題時，先不要尋求幫助，而是要先動腦筋想一想，嘗試用自己的思考找到正確的答案，這樣才能牢牢掌握所學知識。

孔子曰：「學而不思則罔，思而不學則殆。」這句話闡明了讀書時若不知思考，讀書便成了雜亂無章的知識的羅列、堆積，難以有什麼樂趣和實效。同時，也告訴人們不可讀死書，不可一切照搬別人的經驗。所以，只讀書不思考是讀死書的書呆子，只空想不讀書是玄虛的空想家。只有讀書與思考相結合，方能活學活用，讀書也就會變成一件輕鬆的事情。

適度看電視

　　我本應該以學業為主，可是不知道為什麼，我就是對讀書提不起興趣，老師讓我記一點東西，我都要花費很長時間才能記住。但我就是對電視痴迷，電視裡所演的東西，我看過後都能記住。我覺得很奇怪，所以，仔細分析了一下原因：一是因為電視節目多以畫面為主，直觀、形象、變化多端，色彩斑斕，這些特點很能迎合人類的心理，使得自己像喜歡玩具一樣喜歡電視；二是在日常生活中，讀書壓力大，生活單調，電視能給我們帶來輕鬆愉悅的心情。因為看電視時，沒有任何壓力，也不用動腦筋，身心處於非常放鬆的狀態，所以我們把電視當成是我們最好的「降壓器」。可是時間一長，我天天就想著還沒看完的電視劇接下來怎麼演，根本無心讀書，為此成績一落千丈，我要怎麼辦才好啊？

1　和父母約定看電視的規則

　　像是吃飯時不能看電視，功課沒做好不能看，或是看到幾點就要去做功課，都要事先說好，培養自己信守承諾的習慣。時間到了，或者預定的節目看完了，一定要關掉電視。

2　一起看電視

　　在看電視的過程中，可以和他人一起討論相關內容。這樣將會影響甚至扭轉自己或他人看電視的角度，既融洽了關

係，也會減弱電視的負面影響力，還能更好地記憶對自己有用的知識。

3　看優質影片

愈來愈多的電視節目並不能為自己的成長提供有益的內容。這時，你可以向父母尋求幫助，如請求父母花錢購買或租借優質的影片來當自己的教學工具，滿足自己的需求。

4　把電視機放在不顯眼的角落，把遙控器收起來

如果害怕或不習慣家裡突然沒有電視機的聲音，不妨打開收音機，利用音樂和有趣的廣播節目作為家裡的背景音樂。在這個舒適的環境中，可以有效記憶。

5　別把電視當保姆

很多家長們忙於工作和家事，無暇陪伴孩子，孩子就只好用電視來打發時間。久而久之，就把電視當成了保姆。

電視是一種有教育意義的工具，它能豐富人們的生活素材，激發讀書興趣和動機。所以應利用看好的電視節目來學習一些知識。如一些有意義的紀錄片、歷史劇、人物介紹，一些新聞、動畫、喜劇，還有些體育、文化科學節目，都可以看。另外，看完一個節目後，可以寫寫內容提要。經由這樣的練習可以提高寫作能力，對記憶看過的有益內容也有助益。但一定要做到適度，千萬不要把看電視當成主業而本末倒置了。

沉迷遊戲要不得

有很多人痴迷電腦遊戲，是因為自己的好奇心強、自我控制力弱、是非辨別能力差，禁不住遊戲的種種誘惑而沉迷其中；學生族群也有可能是因為父母工作忙，讓過度迷戀上網的孩子有了「可乘之機」；一方面是人們在各種工作、課業壓力之下不堪重負，希望在虛幻的網路世界中舒緩精神壓力，排解煩悶。久而久之就上癮，難以自拔了。這嚴重影響了正常的生活和課業，每天滿腦子裝的都是遊戲，網站，根本沒有多餘的地方裝其他東西，記憶、讀書的能力越來越差了。

1 要規範自己的行為

不要迷戀遊戲，上網上到很晚，影響自己的正常休息，大大影響記憶效果。

2 和家長一起上網

在父母的引導下合理使用網路，享受網路所帶來的便利。同時，也可以運用網路資源，學習自己感興趣的領域知識，增強記憶。

3 上網聊天

上網交友要慎重，不要把自己的真實姓名、家庭電話、住所等輕易告訴網友，以免上當受騙。不要輕信網友的話，更不

要輕易與網友會面，以免給自己帶來不必要的麻煩。

4　不要把電腦放在臥室

把電腦放在家裡的「公共場所」，如客廳等，這樣可以有效減少上網的次數。

5　擬定上網計畫並堅持

在上網這個問題上，和家長商量好的時間不要輕易地進行更改或者調整，要保持一定的穩定性，這樣有利於習慣的養成。

現在的人們越來越痴迷網路。雖然網路上存在著風險，但接觸網路給我們帶來的好處仍然顯而易見。透過上網，我們不但可以學到更多的網路知識和網路技能，更可以開闊視野、讓讀書更主動、增強溝通能力，提高記憶效果。同時經由網路教育，我們還可以根據個人興趣選擇適合自己的讀書方式和內容，發展自己的個人專長。當然網路上的不良內容對我們身心健康的影響也是不容忽視的。我們應該利用網路尋求更多有利於自己增加讀書的資訊和知識，摒棄那些不良的網路習慣，真正發揮網路的價值。

第四章
打開學習錦囊，做個記憶大王

　　教育專家指出，教孩子掌握讀書竅門比一味讓孩子死記硬背來得更加重要。尤其是國高中階段的孩子正處於人生的轉折階段，能否提高學習能力，將影響未來的發展。其中，記憶是讀書中最重要的因素之一。好的記憶能力能夠讓讀書事半功倍。現在就打開學習錦囊，做個記憶大王吧！

九成的記憶靠課堂

課堂上我除了聽講，還會想很多事情。也許是老師講課時的一句笑話，也許是同學回答問題時的一句話……受到這些外界因素的影響後，我再也不能專心聽講了。久而久之，逐漸養成不聽講的壞習慣，聽課的效率越來越低，很多知識也記不住了，課業興趣也受到嚴重影響。

1　訓練自己的自制力

凡是自制力不佳的人大部分是不愛唸書的人，一般來說，都伴隨著愛運動、活潑的習慣跟性格。因此，可以安排自己學習圍棋、練習毛筆字等需要靜心的事情來訓練自身的自制力。

2　注意聽老師的提問

老師在講課過程中，往往會提出一些有助於理解知識內容的相關問題，而這些問題有的需要同學來回答，有的則是老師自問自答，必須對老師提出的問題深入思考。再把這些問題記錄在課堂筆記上，對於以後的複習會十分有效，方便記憶。

3　邊看、邊聽、邊思考

若想讓自己專心致志地讀書，就要在上課時眼睛看著老師，仔細看老師的動作、板書、推導和演算過程；耳朵跟著老師，認真聽老師講的重點、細節；仔細思考相關知識的聯繫，

整理出規律和方法。

4　掌握老師授課時的推導過程

一般情況下，大多數老師在授課時都會針對某一結論推導過程，目的是要學生完全理解一個知識而非死背，也方便同學更好地記憶所學。如國文課文的結構分析，數學解題的來龍去脈，物理概念的抽象歸納等等。

5　抓住關鍵，及時消化

一般而言，聽講的關鍵內容主要有：基本概念、原理、關係等還有補充的重要內容、最容易混淆和出錯的地方；預習時未完全弄懂的學習內容。

6　注意提示語言

授課過程中老師所說的提示語言是為了引起同學們的注意，接下來所說的就是需要筆記的東西了，像是「請注意」、「我再重複一遍」、「這個問題的重點是」……聽到老師說出這些話之後，一定要認真聽講，以免遺漏，為之後的課業造成不必要的困擾。

7　積極思考，學思結合

俗話說：「讀書不知義，等於嚼樹皮。」孔子也說：「學而不思則罔，思而不學則殆。」可見，積極思考、學思結合對記憶知識多麼重要。

第四章　打開學習錦囊，做個記憶大王

　　上課不認真聽講，原因有很多。首先是自制力較差，容易興奮，被其他事情吸引，有點風吹草動，總是第一個知道，注意力馬上就被引開；其次，對該門知識不感興趣。興趣是最好的老師，對某一門知識不感興趣時，自然就會恍神放空，不認真聽講；最後，不喜歡任課老師，最容易發生在青少年身上。俗話說：「親其師，信其道。」不喜歡任課老師時，就會失去聽講的欲望。一節課通常 45 至 50 分鐘。而一般人有效注意時間也就只有 20 到 30 分鐘左右，有些人根本不懂得利用這個時間，該聽的時候不聽，漏掉了很多重點，可見掌握正確的聽課方法對於記憶所學知識也 10 分重要。

正確預習不可少

　　每次上課時，我都會很努力地聽講，可是聽課效果還是不好。常常對老師傳授的知識很陌生，理解不了，感覺就像吃生的東西一樣，在上課的過程中，跟不上講課的進度，來不及思考問題，這讓我覺得很被動。當我向老師說出困擾時，老師一語點破了我的問題所在 —— 沒有預習。

1　預習兩遍，間隔一天
　　對於一些較難的科目和章節，我們可以提前一週進行有針對性的預習。如化學鹵素這一章，我們可以在週一用三十分鐘

預習一遍，週三再用三十分鐘預習一遍。這樣到了週五老師講到這一內容時，我們就可以準確地掌握重點，輕鬆記憶了。

2 預習應在課本或筆記本上留下痕跡

俗話說：「不動筆墨不讀書。」預習時必須養成勤動筆的習慣。在預習的過程中，哪些地方理解了，哪些地方存在疑問，哪些地方有了感受，都應在課本上做筆記或在筆記本上整理。在聽新課時，可以對照這些紀錄去聽，不明白的地方更需要聚精會神。掌握這些聽課技巧，有利於記憶新知識，鞏固舊知識。

3 找對預習方法

如句型練習可以採用找一找（類似句型），歸一歸（整理歸納），比一比（互相比較）的方法；閱讀練習可以採用畫一畫（畫記重點），查一查（查詢不會的字詞），寫一寫（寫作練習）的方法等等。

4 學會嘗試

拿數學來舉例，在預習課本內容的基礎上，透過解數學題，可以幫助理解、掌握數學知識。課本例題都是很經典、基本的，預習時把例題都做一遍，加深印象。數學學科有別於其他學科的一大特點就是要用數學知識解決問題。經過自己的努力理解和掌握新的數學知識後，要透過做練習或解決簡單的問題來檢驗自己預習的效果。

5　合理分配時間

如果時間允許，預習時應完成部分練習題。結合預習，做幾題自選練習題，驗證預習效果，對達到預習目的也很重要。因為在獨立完成練習的過程中，可以檢驗預習的實際結果，加深對預習內容的理解，增強學習新內容的興趣，對記憶新知識也有幫助。

課前預習有利於提高聽課效率，培養自學能力，加強新舊知識間的連結，有利於學習能力弱的人在課堂上找到自己的舞臺。同時，課前預習也能夠有效地提高記筆記的水準，能加強對所學知識的記憶，改變被動讀書的局面。如果跑得比別人慢，就要比別人更早起步。對於新知識，課前先預習，可以讓我們學起來心中有數。因為是新的內容，預習時可以不求甚解，只做到知其然，同時做好記錄，在課堂上再知其所以然，釐清預習中的疑點和重點。這樣，學習新課時先有準備，心中有數，自然會減輕學習難度，學起來更輕鬆。對於一些重點，還能記得更牢。

做好讀書筆記

讀書是一件非常痛苦的事情，因為要學的東西實在是太零散了，哪怕是一個生字、生詞都要花些時間才能記住，零散之

外又複雜，記起來難度大。為此，我幾乎都想放棄了。可是為了考試，為了將來有一個好前程，我又不得不認真。每次都會很累，效果也不夠理想。一天，朋友看我很苦惱，就告訴我說：「讀書的祕訣在於做好讀書筆記。」

1　摘錄式筆記法

在讀書時，把書上精彩的、富有哲理的語句、重要的片段摘抄下來。摘錄時不必全抄，而要把書中的優美詞語按自己的分類抄下來。日積月累，積少成多，寫作文需要時，就可以從「詞語大權」裡搬出來使用。

2　批注式筆記法

批注筆記法就是在閱讀時將自己對文本內容的見解、質疑和心得體會等寫在書中的空白處。一般有三種形式：「眉批」，即批在書頭上，「旁批」，即批在句子或一段話的旁邊；「尾批」，即批在一段話或整篇文章之後。這樣，不僅可以使人思考高度集中，也可以提高閱讀記憶的效果。是一種最簡易的筆記作法。

3　體會式筆記法

讀書之後，有自己的收穫、心得、體會或感想等，再寫出來，即讀書心得或讀後感。體會式筆記應以自己的語言為主，適當地引用原文作例證，表達自己的看法和想法，寫出真情實感。

4 提綱式筆記法

寫出提綱，弄清楚書本的主要內容和寫作思路。編寫提綱可以採用文中語句和自己語言相結合的方式。語言要簡潔扼要、精準。提綱式筆記可以幫助孩子抓住中心，記住重點，理清思路，加深對文章的理解。

5 強記閱讀法

讀完文章後，立即回憶一遍主要內容，力求記住。重複閱讀同一文本時，每次間隔的時間盡可能地長一些。記憶應盡可能準確。如果內容不多，要力求一次記住，如果內容較多，可以採取分段記憶。

6 書籤式筆記法

遇到需要背誦的內容可以記在書籤上。把書籤夾在書本裡、放在口袋裡或插在房間專放書籤的袋子裡，有空讀一讀，記牢了之後，再把它存放起來。這種書籤式的方法可以幫助記憶。

7 符號標記法

用各種符號在書中重要的地方做標記，以便於後面查閱和再閱讀時引起自己注意的一種閱讀方法。其做法是在重要的句子畫線；在重要的段落旁畫符號；將關鍵的詞語圈出來；在有疑惑處畫問號；在有感悟的地方畫驚嘆號。這樣便於查找，

有利於對重點內容的記憶，或是在零碎時間中對重點內容的再閱讀。

8　卡片式筆記法

就是用厚一點的紙剪成大小相同的卡片。讀書時，按照概念、法則、公式、定理等分門別類地摘記下來，再按分類存放，再按類別編上號碼，寫出標題，以便使用時查找。卡片攜帶方便，每天可以拿出幾張卡片讀一讀，日積月累，累積的知識就會越來越豐富。

大多數人都知道一邊閱讀一邊摘記，可以使人避免雜念及外界的干擾，注意力高度集中，記憶效果好。因此，人們常說「好記性不如爛筆頭」。讀書不做筆記，猶如雨點落入大海，無影無蹤，讀書筆記是一種高級的記憶形式。因為在學習活動中，既用眼睛看，又用嘴巴讀，同時動腦筋思考，加之動手做筆記，感官的多樣協同活動，其效果遠高於單一感官的獨立活動，因此記憶效果好。

作業 —— 記憶的重要保證

我知道老師讓我做作業是為了複習、鞏固當天所學的知識，培養我們分析問題和解決問題的能力。但是，每當遇到難題我就棄之一邊，還矇騙長輩說做完了。為了應付老師的檢

查，借同學的作業本抄。我清楚知道這樣做是不對的，是非常不好的習慣。作業不能獨立完成，就難以發現讀書中的不足之處，容易養成依賴心理和投機取巧的壞毛病，不能對所學知識進行及時加固容易忘記。要想提高課業興趣，一定要嚴格要求自己準時、有品質地完成作業。

1 意識到寫作業的意義

要想養成良好的寫作業習慣，必須先意識到寫作業的意義：一是作業是課堂的延伸，經由作業可以發現課業上的問題，才能及時補救；二是寫作業的過程就是把書本上的知識轉化成自己的知識的過程；三是寫作業時需要思考，這就可以養成思考的習慣，提高記憶的持久度。

2 準時完成作業

為了準時完成作業，你可以按照老師的要求，擬定相應的作業計畫，按計畫有步驟、有條理地完成。這樣，不但能記牢當天所學的重點，還能養成準時完成作業的好習慣。

3 明白不準時完成作業的害處

做作業要講究效率，如果你把今天的作業留到明天做就沒有了效果。這就好比本該今天的吃的東西，你卻留到了明天才吃一樣，不僅失去原有的味道，甚至腐壞。做作業也是一樣的道理。

4　建立自信心

老師安排的作業通常都是為了當天所學內容設計，其實並不難，只要認真思考是可以完成的。但是缺乏信心，只要不是馬上就做出來的，就認為是難題，棄之一邊。這時，就要要求自己認真思考，當自己成功完成後，給予及時的鼓勵，這樣就會增強自信心。

5　自我檢查作業

要清楚自我檢查作業的方法，並養成習慣，而不應該讓他人代替檢查作業。這樣有助於擺脫依賴心理，杜絕抄襲作業的不良習慣，有利於知識的穩固。

6　在規定時間內分階段完成任務

如果能夠專心完成，要給予一定獎勵，讓自己休息五到十分鐘，再以同樣的方式完成下面的任務。如果能夠做得很好時，可逐步延長一次性集中寫作業的時間。

7　學會調換順序

如果遇到不會做的題目，可以先做其他的題目，最後再做不會的題目，不要每遇到一個不會的題目就問，否則既容易打斷寫作業的安靜氛圍和專心程度，又浪費時間，不利於記憶。

8　比較歸類

如果在做作業時，善於把幾種解法進行比較，找出「思路、

方法正確，步驟簡明」的最佳方案，並進一步比較把練習題歸納，納入自己的知識網中。這樣，做一道題目，可以抵上百道題目。以後見到同類型的題目，就可以很快地做出來，這是從「題海」中解放出來最好的辦法，而且還能利用節省出來的時間去記憶其他知識。

9　錯題要訂正

訂正一道錯題，比多做一道新題更有價值。因為，從錯的地方可以看出自己知識和能力上的缺漏，是錯在審題、計算，還是概念、推理。經過更正後，就可以補上自己的欠缺。更正錯誤時，最好把錯誤的地方標記出來，在旁邊注明正確答案。到複習時，看看經過自己更正的作業，有利於記憶加固，避免犯同類錯誤。

提到作業，每個人都不會陌生，這也是每個人學生階段就開始接觸的讀書任務。作業的重要性不言而喻，完成作業是提高聽課效率的前提，正是基於這一點，很多人都重視作業。但是，做作業也是有很多學問的，掌握不好，會既費時又費力；掌握好了，才會發揮成效。

學以致用才能記憶好

在課堂上學到的東西，在生活中不會應用；背了不少古詩

詞，但從來不知道在什麼時候用；學習新知識後，答題考試還可以，但解決生活中的實際問題就不行了。真不明白，我的功課是怎麼學的。

1 觀察生活

在觀察生活的過程中，你一定會見到許多以前不知道的知識。這時你就可以問老師、問父母、問同學，就在這一問一答中，便學會了觀察生活，學會了將所學知識與生活連結，把學到的東西記得更牢靠。

2 活學活用

將所學的知識運用到生活中來。如用學過的知識來表達自己觀察到的生活場景。既可以是一些生活中的小竅門，也可以是一些簡單的文學常識。

3 將知識掌握牢固

學習的知識不會應用和知識掌握不牢固有關，因為記得不牢，所以在應該應用這個知識時，不能立刻從頭腦中跳出來。所以需要多練習，強化記憶。

4 在課後學以致用

實踐對於知識的理解、掌握和熟練應用發揮極其重要的作用，只有親身體驗過的知識才能更深刻地理解、更熟練地運用。如學習了「利息、利率」這個內容後，可以做家庭小助

手，幫助家長理財，算一算爸爸媽媽存的錢利息是多少？到期後應取回多少錢？怎樣存錢最合算？這時，就會非常有興趣，調查、分析、計算、反覆比較，最後存錢。在這一系列的實作中，對利息、利率這一知識的理解極為深刻。同時，觀察力、比較能力、邏輯推理能力、語言表達能力等都得到訓練和提升，可謂一舉多得。

　　在現實生活中，很多孩子在讀書時，死記硬背，機械記憶，這樣的讀書方法直接導致讀書與生活脫節，一旦遇到生活中的難題或者類似的問題，就束手無策。有些孩子，根本不想讀書，也很難做到學以致用。有些孩子，把讀書和生活割裂開來，出了校門就不知如何讀書，進了校門又不知如何生活。這些都是缺少對生活的觀察和體會所致。還有一些孩子對所學知識缺少整理。透過對所學知識的整理，可以將知識內化，這樣一來，遇到問題就會有相應的知識庫存，就能夠學以致用。

融會貫通，注重知識的系統化

　　很多書本上的知識明明已經背下來，但是寫題目時又常常會不知所措，腦袋一片空白。

　　1　俗話說「萬變不離其宗」，知識也是如此

　　要做到學以致用，首先要對所學知識做到牢固掌握，才能

融會貫通。如「腕、剜、婉、宛、碗、惋、蜿……」等形近字，首先要結合不同的部首理解每一個字的意思。然後在理解的基礎上，才能正確使用字。

2 找出新舊知識的異同

新舊知識在內容上有一定的邏輯關係，或者在規律上有一定的相似之處，這些相互貫通的地方，有助於理解知識間的聯結。當然，新舊知識一定有不同之處，而這種不同往往是舊知識發展與進步的關鍵。所以學習到新知識，一定要回憶以前學過的相關知識，透過新舊知識的比較，抓住兩者的共通點。

3 構建知識網

每一門功課，都有其獨特的連貫性和規律性。因此，可以把某一科目的知識，用圖表聯結，呈現知識之間的關係。這能讓分散的新舊知識在頭腦中建構完整的架構，可以更全面、更深入地理解知識，而這種連結一旦建立，記憶就會變得輕鬆，讀書積極性也就高了。

4 做一些延伸練習

根據知識的內在聯繫，利用已掌握的知識，可以有限度地做一些延伸練習，把新知識納入到已有的認知結構中去，擴展原有的認知結構，把散亂的點連綴成篇，這本身就是一個將知識融會貫通的過程。

第四章　打開學習錦囊，做個記憶大王

　　如果把知識系統比喻為「知識大廈」，把概念、原理比喻為建築的「原料」，那麼平時學習概念和原理的過程，就是準備「原料」的過程，而系統複習就是利用這些「原料」建造「知識大廈」的過程。建造「知識大廈」時，應該考慮各種「原料」的特點和它們之間的相互關係，這樣才可能讓這些「原料」相互配合，建成「知識大廈」。有經驗的學生在進行系統複習時，經常會把學過的知識串一串，或者說把學過的知識整理一下，實際上就是指知識系統化的過程，也可說是融會貫通的過程，或者說是組建「知識大廈」的過程。這一過程，能把多而雜的知識變得少而精，從而完成書本知識由「厚」到「薄」的轉化過程，使知識既好記又好用，而且它還能將新的概念和原理與舊知識建立起必然的連結，方便記憶。

錯題本讓我不再錯

　　隨著學到的知識越來越多，出現的錯誤也越來越多了。為此，我練習寫題目無數次，可是錯誤並沒有減少，學過的知識還是記不清，不知道自己怎樣才能趕上進度。

1　分類整理錯題

　　無論是數學，還是國文、英文，在做題時都不可避免地會出現一些錯誤。這並不可怕，只要用一個小小的本子，將出錯

原因相同的題目歸納、整理在一起。在以後複習的時候,就可以一目了然,避免再犯同樣的錯誤。

2 獨立作業

錯題本是專用來記錄錯題的,一科要有一個專門的筆記本,不能和其他作業本混用,在封皮上寫上「國文錯題本」、「數學錯題本」等。以學年或學期為單位,按順序整理在一起。

3 糾正錯誤的認知

錯是不分大小的,不要放過任何一個小的錯誤。忽視小錯誤,就會為大錯誤製造成長的空間,只有用正確的心態對待錯誤,才能改正錯誤,錯題本才能發揮應有的作用。

4 仔細分析錯誤的原因

整理出錯題後,一定仔細分析出現錯誤的原因,把錯誤原因弄清楚後,要記下錯誤的類型和原因。不要簡單地寫「馬虎」、「粗心」、「沒有複習好」、「題目考太細了」等似是而非的理由!要分清楚是自己答題失誤,思考方向錯誤,還是運用知識錯誤、計算錯誤,可以依據錯題程度畫上不同的記號。然後把每一道題目的錯誤原因弄清楚後,一定要在原題旁邊一步一步正確地、規範地做一遍。這是建立錯題本的關鍵環節。這樣,對知識的理解會更加深刻,掌握得也更加牢固。

5　錯題評注法

收集錯題目的在於掌握題目考察的知識和解題思路。而在旁邊用其他顏色的筆加上批注，方便以後複習，強化記憶，不再犯相同的錯誤。

6　定期複習「錯題本」

如果將「錯題本」做好後束之高閣，或者簡單地看一看，翻一翻，不能及時進行複習的話，時間一長十之八九就會忘了，好不容易找到的錯誤就又消失在汪洋題海裡面，對提高讀書的積極性也就沒有什麼實際作用可言。因此，做好錯題本後，你一定要時常拿錯題本出來進行複習，這是再讀書、再認識、再歸納和再進步的過程，可及時修補自己的知識漏洞，讓模糊的東西清晰，出現的錯誤越來越少，記憶更加牢固性。

養成建立錯題本的習慣，對學生來說是十分重要的。因為，經過一段時間的累積，錯題數量到了一定數目的時候，就要分析各種錯誤現象所占的比例。在仔細分析造成錯誤的原因的同時，還要歸納這些題目考的重點在哪。當同樣的東西多次在你的錯題本上集中出現時，讀書的弱點也就顯現了。這樣，自己五複習和記憶的重點就顯而易見了。

整理知識，鞏固記憶

每次上完課，老師都讓我們利用課餘時間把他講過的重點整理一下，可是我覺得很麻煩，一直都沒有聽。起初並沒有什麼感覺，可慢慢就覺得老師講的東西很零碎，沒有條理，根本記不住，即使勉強記住了，也很容易就忘記了。

1　讀書方法引導很重要

在平時的讀書過程中，遇到學東西老是忘記的現象，不要著急，這時，我們可以請別人幫忙分析記不住的原因，如果因為具體重點沒有掌握而記不住，就自己再好好看過書，如果因為讀書方法和習慣不對，就及時改正。

2　準備一本知識整理本

每個學科一本，擬定知識整理計畫，定期將學過的知識整理下來，並且複習，有利於提高記憶的持久性。

3　掌握整理的方法

對重點的整理，不是簡單的羅列知識，而是要根據各個學科的知識特性，將不同內容連結，重新整理，達到知識內化。如數學的整理，一般情況下，以單元為基礎進行整理，首先要整體瀏覽本單元學了哪些，然後再將這些知識進行分類，按照這個分類將重點記錄下來，還要在每個重點下面列舉一下經常

出現的難題、錯題。這樣在複習時就會有的放矢，節省時間，事半功倍。

　　根據艾賓豪斯（Hermann Ebbinghaus）記憶理論，記憶是伴隨著遺忘的，而且在一定的週期內，如果沒有及時加固記憶，很快就會遺忘。一般來說，有以下幾點原因：一是聽課時，小動作多，容易分心，聽課時不記筆記，聽課總是斷斷續續，這樣勢必影響記憶效果；二是不會及時整理知識。他們認為，學都學過了，還整理幹嘛，還有的整理知識的方法不對，只是將重點簡單地羅列。這些都會影響對知識的長效記憶。所以，要想提高成績，就要對知識進行定期整理。

多做練習很重要

1　差別對待練習題

　　做練習題時一定要先詳細分析一下，選擇一些有代表性的，自己在課堂上沒有掌握的重點、覺得難的地方進行練習，對於教材上比較簡單的練習題可以適當放棄，千萬不要眉毛鬍子一把抓，浪費時間，記憶效果也沒有比較好。

2　整理做過的練習題

　　對於做過的練習題不要棄之不顧，而應把做過的練習題加以整理。最好是裝訂成冊，方便以後複習查用。累積的多了，

就是一本題庫了。

3 做單元習題

每章後面的習題就是單元習題。這些習題的知識範圍涉及全章，有的需要聯繫到前面的章節，具有一定的綜合性。做了單元習題，可以把分節學到的知識有效貫穿，使知識初步系統化。做單元習題是對階段複習或專題複習效果的一種檢測辦法。

4 隨時翻看練習題

對於整理成冊的練習題要隨時拿出來翻看一下，不然就會很快遺忘的。

5 做總複習題

這類題涉及的知識範圍廣，綜合性強。所以，多做這樣的題目，可以促進知識的融會貫通，有利於「知識網」的形成，方便記憶所學的知識。

6 尋求多種解題方法

在練習的過程中，盡量尋找出不同的解決辦法，這樣不僅有助於牢固地掌握所學的知識，還可以在比較分析中尋找到最佳解題方法和途徑，同時還可以培養多元思考，加深記憶。

自覺地在練習活動中去記憶，是一種好的、積極的記憶方法，在應用知識解決問題的過程中，不僅加深了對所學知識的記憶，也加深了對知識的理解。可見，經由練習，可以加固知

識，檢驗學習效果。學生如果在做練習題時比較順利，那麼可以說預習、聽講以及課後複習的效果都是好的；如果練習題做得不好，就說明學生對知識沒有真正掌握。讀書就是要練習，任何一種技能，只有經過多次的練習，才能掌握甚至有所創造。一切方法，經由練習而獲得，才是真正的獲得。但獲得方法後，仍然需要不斷地練習，如果停止練習，所獲得的方法會生疏，甚至忘記。

閱讀可以提高記憶能力

我們班的孫同學，人稱「小博士」。之所以這樣稱呼他，是因為他總是能最快聽懂老師所講的內容，當老師在講課中提到的一些課外知識，他又常常是最先反應的那個……為什麼他能記住那麼多的知識，而我連最基本的課本記起來都很困難呢？後來一打聽才知道，他經常閱讀課外書籍。

1　多讀科普讀物、文學史籍

涉獵廣泛後，知識庫存就會變得豐富。在記憶過程中，很多東西就會成為「老朋友」。記憶的過程就會變得輕鬆起來。

2　把書由厚讀薄

即在對讀物深入理解的基礎上，經過自己的思考，把它加以歸納、統合，抓住書中提綱挈領的精要和最本質的東西，使

書本知識真正成為自己所有。反之，就有可能讓自己墜入書海之中，不能自拔，那就變成書呆子了，記憶就相當困難。

3　多讀不同類別的書

讀的書不能只局限於課外補充書和學校指定的閱讀書目，可以根據自己的發展，豐富讀書類別。不同面向的書，都可以選擇讀一讀。這些對擴散思考的培養，記憶力的提升都是十分有幫助的。

4　做好讀書筆記

不動筆墨不讀書，這是千真萬確的道理。多做筆記，多累積，書上好的句子、好的描述、好的敘述、好的論點都摘錄到自己的筆記本上，經常看一看，對作文能力的提高非常有好處。如果在剛上學時，就學會做讀書筆記，學會累積和整理資料，那麼，久而久之，不僅可以促進課內學習，而且還能學會一套閱讀的獨門方法，提高閱讀的能力。

5　擬定讀書計畫

注重技能發展沒有錯，關注成績進步也無可厚非，但不能因此而耽誤汲取書中營養的機會。因此，需要根據作息時間，擬定一個合理的讀書計畫。如一週七天，哪一天是讀文學類圖書的，讀幾個小時，什麼時間讀。哪一天讀數學類的書，怎麼讀。哪一天讀英文類的課外書，又該怎麼讀。總之，要有計畫

地讀書。

6　了解和掌握一些前人的讀書方法

前人們總結的一些讀書方法對我們今天的閱讀有很好的啟發，我們不可以不讀書。當然也要摸索適合自己的讀書方法，要從讀書中去發現自己的長處。最後讀書還是靠自己，要靠自己下苦功，要靠自己去摸索和創造。

書是知識最重要的載體，是不可替代的。莎士比亞（William Shakespeare）曾經說過：「生活中如果沒有書籍，就好像沒有了陽光；智慧裡沒有書籍，就好像鳥兒沒有翅膀。」書中自有顏如玉，書中自有黃金屋，讀書可以讓人成長，讀書可以讓人成才，讀書可以豐富人生。養成良好的閱讀習慣，一生有書相伴，那麼人生是非常幸福的。為了提高閱讀中的記憶效果，首先要努力克服一些不自覺養成的不良習慣。這些不良的閱讀習慣會讓你覺得讀書是一件沉重、麻煩的事，猶如老牛拖車，事倍功半。這些不良習慣是：默讀，邊看文字邊嘴裡念念有詞；逐字逐句地閱讀；走回頭路，不斷回視。它們就像套在你腳上的無形枷鎖，帶著它們閱讀無疑就是帶著枷鎖跳舞，笨拙而沉重。只有去掉這些枷鎖，才能跳出優美流暢的舞姿，只有改變這些不良習慣，才可能在閱讀中記住更多的知識。

擬定一份讀書計畫

我每天都是機械地讀書，機械地記憶。回到家就是按照老師交代的作業一門一門完成，之後就是東走走西轉轉，東看看西翻翻，似乎作業完成了，就沒事了。其實需要記憶的知識還有很多。為此，媽媽不知罵了我多少次，說我這實際上是一種「隨遇而安得過且過」的讀書態度。這樣做的原因，在很大程度上是沒有為自己訂個「計畫」。後來，我認真反思了一下，覺得媽媽說得很有道理，自己一定要克服掉這個壞毛病。

1 主次分明，突出重點

學科有主次之分、難易之分。就個人來說，還往往有強項和弱項之分。因此，擬定計畫時不能一視同仁，平均用力，而要分清主次，按任務的難易程度有所側重，依次去完成。

2 讀書目標要具體

這個目標要根據自己以往的學習情況、學科進度、學科優勢等情況來決定。計畫要適合個人的能力和特點，不要從個人的喜惡出發，更不要照抄別人的計畫，必須考慮自己的體力、智力、學習能力、性格、興趣等是否與實現讀書的目的和採用的方法相適應。

3　注意長短計畫的系統結合

拿高中生舉例，長計畫，是指整個高中階段的計畫；短計畫，是一月、一週或一天的計畫；至於一學期和一學年的計畫，則可稱為中期計畫。長計畫是從總體上考慮，定總目標、基本走向，短計畫是從個體上考慮，有定額指標、具體措施，把兩者結合起來，方向明確，又易於操作？

4　合理安排計畫

每天的計畫安排，除去星期一至星期五的上課時間，要充分利用早自習的時間，可以安排背誦、記憶基礎知識、預習等內容，放學回家主要是複習、做作業和預習，另外，還應該有玩的時間和勞動的時間。這樣既能滿足讀書和記憶的需求，又能促進身心的健康發展。

5　適當休息，留出機動時間

正所謂「計畫趕不上變化」，在制定計畫的時候，還要適當留出一點機動時間。人不是機器、不能二十四小時待命。所以，讀書計畫要留出休息時間，適當的放鬆才能保證讀書的品質，帶來新的讀書動力，提升記憶的能力。

6　讀書計畫要注重新舊知識的銜接

為了避免學了新知識，忘了舊知識，讀書計畫要特別強調把新學到的知識和已經掌握的知識聯繫起來。畫知識結構圖是

一個好辦法，可以要求自己講解圖上各個重點之間的關係，有助於鞏固已學知識。

讀書切忌沒有計畫，學到哪就是哪，高興學什麼就學什麼。這樣完全憑個人喜好，憑一時的興趣來讀書，很容易造成不均衡發展，降低讀書效率，影響讀書過程的系統性和完整性。孔子說過：「凡事豫則立，不豫則廢。」行之有效的讀書計畫是邁向成功的第一步。良好的讀書計畫有利於讀書目標的實現，有助於養成良好的讀書習慣和提高讀書效率，增強記憶效果，也有利於毅力的錘鍊。

用好零散時間

我常常感覺課業太重，需要很多時間才能完成。而有時由於聽課效果不好，連作業都無法準時完成，更別說溫書和記其他知識了。為此，我向爸爸請教，爸爸告訴我，可以利用零散時間。

1 意識到零散時間是被浪費掉的

很簡單，如果每天花費在通勤的時間為 1 小時，下課休息的時間約 1.5 小時，放學回家再到補習班的時間約為 30 分鐘，只要將這三項加起來，就足足有 3 個小時，以一週來計算，就是 21 個小時。接近一天的時間，這樣就能夠直接體會到零散時

間的重要性，產生短暫時間也要好好安排的想法。

2　不浪費搭乘大眾運輸工具的時間

你可以利用等車、坐車的時間，如記英文單字，背古詩，這些都是利用零散時間的好方法。

3　隨時向自己提出要求

如在上國文課，老師讀、講、說的時候，要求自己默默地跟著讀，模仿老師的語音和語調；當別的同學回答問題時，要求自己也默默地回答。這樣既增加了動口的機會，培養口語能力，也充分利用到讀書時間，提高讀書的效率，也是有效的記憶過程。

4　讀書前，先檢查是否準備好相應用品

如筆、尺、圓規、立可帶、橡皮擦、字典、工具書、草稿紙等，免得一坐下就又跑去找用具，浪費寶貴的時間。

5　拼接法

即把零星的時間接到整段時間上去。如放學後不直接去餐廳，而是先讀一下書，等到不用排隊再去買飯。這樣可以把排隊的時間節約下來唸書。

6　統籌法

如把要背的內容讀一遍錄下來，吃飯、洗澡的同時放錄音；邊聽新聞廣播邊做運動、打掃、刷牙洗臉；放學的路上看看景

物說說英文等。這樣就可以利用大量的零星時間。總之，可以利用的零星時間很多，只要你把這些時間安排合理，就可以為讀書提供不少的時間，有利於記憶所學知識。

讀書時要善於「用零散的時間記憶零散的知識」。零散的知識主要是英文單字和語法，國文的字音、詞語、標點、成語等基礎知識。較長的讀書時間可以用來讀文章，記憶史地等系統性很強的知識，而把那些零碎的知識寫在小卡片上，隨身攜帶，在零散的時間記憶是最好不過的了。

學會查缺補漏

以前的我，讀書興趣濃厚，也充滿讀書熱忱，記憶知識不僅快而且扎實。可是後來成績不斷下降，而且越降越多，記憶力也下降了好多，很簡單的知識都要花費一段時間。為此我還擔心到生病，在家休息了三天。等我病好後去上學，老師對我說，你之所以成績下降得這麼厲害，原因在於不善於及時查缺補漏，結果日積月累，不懂和記得不確實的地方愈來愈多，自然就會出現目前的情況了。

1 日常生活中養成細心的習慣

無論是在家裡或是在學校，表達問題都應該準確、明白，不可將丟三落四的習慣帶到讀書中。因此，在日常生活中要

細心觀察，注意糾正自己馬虎粗心的不良習慣，從小事上培養自己細心用心的良好習慣，把事情做到最好，永遠追求完美與美好。

2　經由複習查缺補漏

透過複習補上聽課中遺漏的內容，進一步弄懂沒有學好的東西。每週結束做一個小結，查缺補漏。這樣既可以防止疑惑處不斷增多，避免形成惡性循環，同時又能使所掌握的知識系統化，讓記憶更深刻，更持久。

3　掌握好每一個重點

在讀書時，根據課本的內容，認真整理所有的重點，每一章節講了多少個重點，每一個重點應該從哪幾個方面掌握，都要了然於心。如認為某些重點不重要，對其置之不理的話，在讀書過程中就可能出現漏洞，出現失分。

4　嚴格要求自己

在讀書上不能夠做到高標準、高要求，看不到自己的不足和差距，也就不能做到認真仔細地檢查漏洞。所以，在讀書中對自己要求高一點，做到精益求精。這樣就可以自主地發現自己的問題，並及時進行彌補或修正。

5　糾正偏差

每天整理當天所學的知識，彌補遺漏之處，糾正讀書過程

中出現的認知偏差。把作業中不懂之處、出錯之處找出來進行整理歸納，查找原因，糾正錯誤。

　　由於智力和學習能力的不同，同一個班級的人對於老師在課堂所講的知識也不一定都能理解和掌握。一些理解能力和接受能力差的人，難免會遇到一些暫時沒有弄懂的疑難問題；也有的因為其他原因缺席一些課程，在掌握知識上與別人有差距。這些弱點就是課業有欠缺和遺漏之處。發生這個現象是正常的，但當學業上出現缺漏時，應該及時進行彌補，否則這個缺漏有可能會隨著課程內容的增加和程度的加深而越來越大，最終導致課業出現困難，影響繼續學習和掌握新的知識。因此，應該即時查缺補漏並進行彌補和完善，避免出現成績退步的問題。

掌握一點記憶竅門

　　我的記憶力不是很好，老師所講的知識總是記不住，我覺得自己就是天生笨、不聰明。我為此還去找諮商師，老師說我這種看法是不正確的。實際上，這是因為沒有掌握記憶規律，缺乏正確的記憶方法所導致的，如果你能掌握一些記憶的小竅門，記憶力是可以顯著提高的。

第四章　打開學習錦囊，做個記憶大王

1　增強信心

人的記憶潛能是巨大的，沒有必要抱怨自己記憶力不好，要建立信心，掌握科學的記憶方法，提高讀書的效率，快速提高成績。

2　避免疲勞

長時間腦力勞動的中間需要適當休息，調整自己的身心狀況，使腦細胞活動處於良好狀態。切忌長時間做作業或者熬夜唸書。

3　營造氛圍

眾所周知，平靜的環境有利於記憶，而嘈雜的環境容易使自己焦躁不安，記憶效果就會打折扣。因此，要為心情平靜創造條件，使自己能夠安心讀書，提高記憶效果。

4　掌握方法

記憶方法有很多，不是全都適合自己，有的記憶法掌握起來還有一定難度。所以，要選擇一些適合自己年齡和心理特點的記憶法，逐步練習，直到能夠熟練地運用。

遺忘是有規律的，記憶需要竅門。德國心理學家經實驗發現，人們對剛剛學會的東西，遺忘速度是最快的；隨著時間的延長，遺忘速度逐漸減慢，這就是艾賓豪斯遺忘曲線。鞏固知識就需要在遺忘之前選擇合理的時間複習，也就是俗話說的「趁

熱打鐵」。記憶是一門學問，其中有許多記憶方法，比如：聯想記憶法、數字記憶法、串聯記憶法等等。掌握了適合自己的記憶方法，記憶效果就會明顯改善。

第四章　打開學習錦囊，做個記憶大王

第五章
生活中的記憶訓練

　　過目不忘是很多人的夢想，就算現在科學家已經研製出一些藥物和健康食品能改善記憶力，但它們成本高，且不是人人都可以長期服用。所以要想提高記憶力，就要在生活中進行記憶訓練。因為生活習慣造就了我們的性格，以及我們的日常行為。只要進行有意識的訓練，掌握記憶規律和方法，就能改善和加強記憶力。

第五章　生活中的記憶訓練

人名和相貌的記憶

　　學會記憶別人的姓名和外貌是一項極其重要的社交技能，然而這看似簡單的事情，對智力平平的我來說，也是件十分困難的事。為此，我曾經懷疑自己是不是頭腦發展不健全，或者是輕度的「痴呆」？我帶著這樣的疑問去諮商，才知道那些以驚人的記憶力記別人姓名和相貌而聞名的人，並不需要用魔術手法和靈丹妙藥，其祕訣在於後天訓練。

1　心向（mental set）

　　跟人第一次見面前，你要有絕對的自信心，要相信自己完全能夠記住對方的名字和相貌。如果你沒有自信，總抱怨自己記性差，記不住人名，不斷自我暗示，結果你就真的記不住了。所以要堅定信心，沉著放鬆，告訴自己這很容易辦到。

2　認真聽

　　聚精會神地聽人家的名字。這是初次會面時的關鍵。你要想記住人家的名字，就不能事先認定自己記不住，許多人正是在這方面缺乏信心，最後根本不注意聽名字的發音、寫法，自然就記不住了。

3　仔細觀察

　　雙方見面時，你一定要直視對方，不要東張西望，要集中

注意力去觀察對方的臉部特徵、肢體語言。很多人比較粗心，不去仔細觀察對方，這也是他記不住別人相貌一個很重要的原因。你的觀察技巧越熟練，就對人們的相貌差異看得越清楚，越會幫助你記憶。

4 連結特點

記人最好的辦法就是設法在此人面孔和其姓名之間建立某種連結。如遇到的是一個名叫蒂娜的女性，她個頭不是很高 —— 小蒂娜，姓貝靈漢姆（Bellingham）。你就可以想像小蒂娜在搖晃著一個套著白色火腿的鈴鐺（Bellingham 的英文拆開為 bell—ing—ham），這樣是不是就很容易記住了。

5 請求重複

即使你已經聽清楚了人家的姓名，最好也禮貌地說一句「對不起，可以再重複一遍嗎？」重複是記憶的重要方法。每重複一遍你想學的東西，記住它的可能性就會增加。

6 利用談話來記憶

在日常生活中，我們都不可避免地要和許多人接觸，要與許多人談話。交談是記憶人名的好時機。談話包括一般的打招呼及詳細的交談。

7 聯想法記人名

記憶別人的姓名時，最好在心中把那人的姓名用醒目的字

寫出來，並最好在頭腦中描繪出那個人的面貌，在心中再現那個人的所有特徵（頭髮、鼻子、眼睛、嘴，甚至哪裡有黑痣等等）。

8　綽號法記人名

很多人有這種經驗，在離開母校多年的同學會上，喊老師和同學的名字，還不如喊他們的綽號來得容易。有時綽號喊出來了，卻怎麼也叫不出他們的名字來。綽號之所以喊得出，無非是抓住了那個人的名字、性格、表情、身體上的某些特徵，並頻繁使用，所以留在記憶裡，很容易想起。

9　複習

與新結識的人分開後，設法在腦海裡一一複習那些人的姓名、相貌。如果有對方的照片或者與對方的合影，可參照回憶。

戴爾·卡內基（Dale Carnegie）說：「一種既簡單又最重要的獲取好感的方法，就是牢記別人的姓名。」善於記住別人的姓名是一種禮貌，也是一種感情投資，在人際交往中會發揮意想不到的效果。但記憶人名容易發生到了嘴邊卻叫不出來的窘境。這就需要在平時多下一些功夫。如在觀察一個人臉部時要選擇最突出的特徵。如耳朵，小而圓、三角形、招風耳、緊貼頭皮；鼻子，長而尖、筆挺、蒜頭鼻、鷹鉤鼻；嘴唇，厚、薄、上彎、下彎；下巴，圓、尖、雙下巴等等。此外，還有髮型、

鬍鬚、是否戴眼鏡等。這是局部的觀察。就人的整體形象來說，走路姿勢、談吐舉止、高矮胖瘦都是參考。掌握了這些，還怕記不住第一次見面的人嗎？

數字的記憶

在現代社會日常生活中，我們與數字打交道的機會越來越多。但是剛剛說完的數字，一下子就忘記了，老是提示自己記住這些數字，但是越提醒自己越記不住。

1　賦予數字意義

如淝水之戰發生於西元 383 年，透過淝可聯想到肥胖，由肥胖想到胖寶寶，而數字8的兩個圓正好是胖寶寶的頭和身體，兩個 3 則是兩個耳朵。這樣一想就容易記憶了。

2　假借數字為其他東西

將數字假託為其他熟悉的東西。如日本富士山高 12,365 英尺，可以假借一年有 12 個月 365 天來記憶。

3　把數字譜成曲子

有些人把特別難記的數字譜成曲來記憶。

4　疊加法

1917 年的十月革命，1919 年的五四運動，1921 年的臺灣

文化協會成立，順序是按二疊加；1901 年《辛丑條約》簽訂，1911 年辛亥革命爆發，1921 年臺灣文化協會成立，1931 年日本發動「九一八事變」，順序是按十疊加。

5　運算法

對於較為繁雜、枯燥的記憶對象，可以用運算的方法加以記憶。如一個數字後面很多零，就可以用數字之間的加減乘除加以記憶。

數字資訊廣泛存在於我們日常生活和讀書的各個方面，快速、持久、準確地記憶數字資訊對於提高工作和讀書效率有著不可忽視的作用。由於數字資訊本身是抽象的，而數字記憶最困難之處就在於數字的抽象，要提高數字記憶效率的關鍵在於對數字進行加工轉化，使之形象、生動、有可循的規律甚至奇特，從而快速、持久的記憶數字。

巧記電話號碼

我終於有自己的手機了，開心得不得了，已經到了愛不釋手的地步了，一有空就拿出來滑一滑，有機會就跟同學、朋友要電話號碼，最後手機裡有幾百個電話，真的有事找某人時，查找起來十分不方便，需要很長時間。心想：如果我要能把所有電話號碼背下來就好了，我要怎麼去記呢？

1 諧音法

要分兩步進行，一是選出數字所對應的諧音字。如數字「1」，它的諧音字可選衣服的「衣」字，桌椅的「椅」字等等。選諧音字的目的就是用有意義的漢字代替無意義的數字，也就是說，一說到衣服的衣字，我們就會立刻想到，它代表的數字是 1；第二，是用選出的諧音字編造出有意義的、形象的短語或語句。如數字「10」，可用「衣領」一詞作為它們的諧音詞。

2 「掛鉤」法

從電話號碼本中找出一些容易記的號碼作為記憶的「掛鉤」，把其他電話號碼「掛」在這些「鉤」上。如某學院教學中心有 5 個分機，其中管理是 84678。該學院所有的電話號碼前兩位都是 84，而此處的 678 是三個連續的數，好記。該中心的其他號碼都在其前後，「掛」在這個「鉤」上也就容易記住了。

3 規律法

有的時候並不清楚所要找的人的電話，但是又恰巧知道他在哪個宿舍，只要找到他相鄰的宿舍的電話分機號碼，就能很快地找到這個人所在宿舍的分機號碼。如某大學有 8 個女生宿舍，位置相連，電話號碼也是相連的，而且後三位是 798 開始一直到 805 結束，所以，在記這一系列的電話號碼的時候，只要記住其中一個電話號碼，最好是這個班的第一個宿舍或最後

一個宿舍，就很容易推導出其他宿舍的電話號碼了。這種方法尤其適合記憶較大單位的電話號碼。

4　連結法

電話號碼總是與人相聯的。在記憶電話號碼的時候如果能與這個人的特徵相結合，記憶的效果將非常好。如某人非常骯髒，家裡總是亂得像被轟炸過一樣，其電話號碼後幾位數字為841827，可以將其轉化為「不是一般噁心」即非常噁心，一想到這個人骯髒就能很快地想起他的電話號碼。

5　增添法

在需要記憶的電話號碼後面增加一個或兩個漢字，使之成為一句便於記憶的話語。如可以把電話號碼84578改造成「84578糟」，其諧音即為「不是烏七八糟」，很順口，容易記住。

與記憶其他任何資訊一樣，記憶電話號碼時要有非記住不可的決心和一定能記住的信心，再輔以正確的記憶方法，記憶百來個常用電話號碼並不難。因為，我們既然能記住數千個象形的漢字和數千個拼音的英文單字，難道還記不住幾十個、上百個常用電話號碼嗎？之所以記不住，一般來說，有兩種原因，一是認為手頭有電話號碼本，記不記無所謂；二是雖想記，但認為自己的記憶力不好，不可能記住的話，是一定記不住的。

重要日期的記憶

不知道大家在日常生活中，是否有這樣的尷尬經驗：經常因為忘了交作業的時間而遭到班級幹部的責怪；經常因為看課外讀物而忘了今天該寫的作業……就像我。經常忘記一些重要日期。

1　如何記住約會時間

為了記住約會的時間，在心中描繪見面的地點，並且隔一定時間重複這種聯想。因此，與別人相約應該在哪兒等候時，為了信守約會一定要選擇你能想像的場所。假若能與某些愉快的聯想結合起來，記憶效果更好。

2　生日時間

你父親的生日是 1965 年 9 月 24 日，可記為爸爸過生日那天騎著老虎（65），拎著酒（9），帶著兒子（24），到自己家裡來。

3　出行日期

如 189 次列車的發車時間是 00:47，可記為：坐車要白酒（189）不要車票。出門時，需要帶好零食（零時），找司機（47）。

4　備忘字條

寫一些小字條給自己，提醒自己。可以把它放在醒目的位置或是裝在自己的衣服口袋裡。

生命中有太多值得我們深深記憶的重要日子，一輩子都不能將它們忘記，比如說父母的生日、結婚日、得獎日。可是忙碌的現代生活，有時候又讓我們喘不過氣來，搞得自己經常暫時性失憶，怎麼辦呢？假如你記憶力確實不太好，就讓一些記憶方法來提醒你一下吧！做到生命中每個重要的日期，你都不會錯過。

生活細節改善記憶

在日常生活中，剛剛放下不久的東西，我就忘記放在哪裡了。有時候，因為找不到，而又著急用，急得抓耳撓腮，媽媽說我的問題出現在不夠重視細節、隨意亂丟的緣故。

1　養成記憶的習慣

在整理自己的小房間時，應該注意一下某處放置了什麼東西，什麼東西放在哪，並且努力把它記在腦海中。這樣下次需要用時，才會以最快的速度找到它。

2　先整理再總結

整理完東西後，一定要從頭到尾地整理一遍，讓其放置的

具體位置在腦海中形成深刻的印象。如要記住上學用的悠遊卡放在書桌的左下格子裡，上學需要攜帶的工具書放在左上格子裡等。

3 歸類存放

把同一類的東西放在一起，這樣便於進行類推聯想。如書桌的右上格專門放證件，如身分證、准考證、學生證等等。這樣一來，當你一想到需要什麼證件的時候，便會想到什麼地方是專放證件的。

4 注意觀察

要特別注意一下，什麼東西是常常固定放在哪兒的，跟它放在一起的還有什麼？並進行聯想。這樣，下次要找某一東西時，便可由另一個東西想到這個東西。隨意亂放東西是很不好的習慣。我們要合理地放東西及整理東西，並經常進行聯想，這樣找東西便不難了。

生活的一切原本都是由細節構成，而細節往往最容易被人忽視，殊不知正是因為你的不重視，才導致很多事情記不清，出現各式各樣的錯誤。若想有所作為，就要重視不起眼的細節，這些小細節看在眼裡便是風景，握在掌心便是花朵，擁在懷裡便是陽光。細小的事情往往發揮著重大的作用……荀子在《勸學》中講到：「不積跬步，無以至千里；不積小流，無以成江

海⋯⋯」他告訴我們凡事皆是由小至大，小事不願做，大事就會成空想。所以，我們必須重視生活細節，把小事做細，這是提高記憶力、成功做事的最基本的前提。

牢記演講稿

學校經常舉辦各種演講比賽，我也經常躍躍欲試。但是，要做一次成功的演講卻並不容易。每次我都準備了好長時間，可是每次的成績都不理想。而且每項問題均是出現在演講稿內容的記憶上，這讓我很是苦惱。

1　做好準備

如果不做好準備，一場演講可能會讓你灰頭土臉。所以，在準備演講稿前一定要把那些與聽眾無關或者極其無聊的東西刪掉，這樣不僅方便記憶，還能抓住聽眾的心。

2　「響」讀

朱熹說過，凡讀書，需要讀得字字響亮，不可誤一字，不可牽強暗記。只有如此，演講詞才能從有情有感、有聲有色的響讀中讓大家產生共鳴和記憶，才能設計演講的動作、表情和姿態，設想演講詞臨場情境與聽眾交流的心理和生理回饋。甚至一個字的讀音，一句話的抑揚頓挫，標點的作用，語氣的恰到好處，也無不在其中。響讀是演講詞記憶的關鍵。

3　巧用路徑記憶

你可以把演講的內容列點，然後把每一個重點配上一個視覺形象，再將這些依照特定的順序排列。在準備演講的過程中，在大腦中反覆重複播放這些路徑，確保牢記自己所要講的內容，既可以確保自己在演講中不偏離主題，還能在有人打斷你之後立刻回到剛才的地方，繼續演講。

4　根據大綱練習演講

這樣做能使你的演講脈絡清楚，有條有理，而且能夠恰如其分地將演講氛圍烘托出來。你將會發現，由於按上述方式思考和蒐集素材，你已經不知不覺地記住了自己的演講內容。

5　列單法

將自己要表達的每個觀點和想法列成一個單子，讓它提示自己。這樣一來，由於你事先沒背過什麼，也就不存在會忘掉什麼的問題，只要掃一眼你的小單子，就知道接下來該說什麼，並用語言表達出來。

6　軌跡法

仔細觀察房間裡的物體，如桌子、沙發、壁櫃、落地燈和窗戶等，把這些物體富有想像力地與一篇演說的重點聯繫起來，在每一個物體上「確定」一個提示，然後作演講時，在腦子裡把房間裡的東西想過一遍，再把相應的重點調出來。這樣，

就能輕鬆達到記憶的目的了。

7　找關鍵字

讀一讀演講的第一段內容，也許有兩三句話，其餘都無關緊要。現在從這些句子裡先找出一兩個你認為可以使你想起整段內容的關鍵字語。

記憶，是讀書的重要環節，是鞏固知識的重要能力與方式。良好的記憶，有利於提高讀書效率，有利於加速知識累積。因此，要提高讀書效率，加速知識累積，就要學會使用良好的記憶法。背演講稿也不例外。如果你想輕鬆而順利地準備、背誦和發表演講，就一定要尋找方法，對演講主題進行廣泛的思考，將你認為有關的概念、觀點、語錄和參考資料記錄下來，然後用心設計欲進行演講的基本框架，再根據框架把重要的細節充實完整。這樣就完成了演講稿的起草，之後，就可以多加練習。其實，練習的過程實際上就是給予自己一次記憶的回饋過程。這一過程，可以告訴你哪些部分已經記住了，哪些部分還需要加工，幫助你了解自己記憶的進度，記憶哪裡比較生疏。然後，你就可以針對難記的部分集中力量攻下來，有利於提高背誦記憶的自覺性和主動性。

第六章
提高成績，掌握更多記憶法

　　學習任何知識，都離不開記憶，而學習的最大障礙莫過於記憶力差。記憶力好的人能夠迅速地、準確地、持久地掌握學過的知識和技能，同時也能更好地理解、運用所學知識解決生活中的實際問題，做到學以致用。當然，記憶力差的人也不要沮喪，因為記憶力是可以後天培養的，增強記憶力是有方法的。

手腦並用記憶好

我有一個毛病，就是無論是上課聽講，還是課後背誦都不願意動筆。認為動筆麻煩，耽誤時間，經常發出這樣的感嘆：「有寫的時間能看好幾個字呢。」一次，這句話被老媽聽到了，老媽告訴我，手腦並用才能記憶好。我試過一段時間之後，果然效果不錯。

1　把重要的東西記下來

遇到背誦的東西就只是拿本書反覆地讀，這樣雖然能背誦下來，但這只是短期記憶，時間一長就會忘記。因此，應該提醒自己把重要的東西記下來加以保存，這樣就不容易遺忘了。

2　準備一個課外筆記本

記憶過程中，如果只是用眼睛看，用口大聲朗讀的話，是很難記住的。所以，在記憶的時候，一定要動手去寫，這樣，才會使知識在腦海中留下清晰而深刻的印象。

3　認真做好課堂筆記

記筆記的方法，一是簡明扼要，綱目清楚，首先要記下所講章節的標題、副標題，按重點進行分段；二是要選擇語句，利用短語、數字、圖表、縮寫或者符號進行速記；三是英文、國文中的重點詞語、句型，可直接記在書頁邊上，這樣便於複

習時及時查找；四是數理化，主要記住老師解題的思路、補充的定義、定理公式等；五是歷史，著重記下老師對問題的綜合闡述即可。

4 提高書寫速度

書寫速度太慢，勢必會跟不上記憶速度，影響記憶品質。要學會一些提高筆記速度的方法，不必將每個字寫得橫平豎直、工工整整，可以潦草地快速書寫。但要注意不要過於潦草，前提是自己看得懂，速寫的目的是提高記憶效率。

俗語說，「手抄一遍，勝讀十遍。」抄寫為什麼受到大多數人的青睞呢？這是因為它能做到眼到、手到、心到，精神專注。同時抄寫時人也在進行思考，從而汲取書中用字遣詞的精華。再來，它還可以增加刺激腦細胞的力度，在特殊作用下，鞏固記憶。只有用「爛」筆頭把用腦子記住的資訊寫出來，才能形成準確的見解，才能與別人共用。一般人回憶記在腦子裡的內容時，各種想法一閃而過，不太容易將前後內容進行反覆對比和推敲，因而不易發現有什麼不妥甚至互相矛盾的地方。而動筆寫，各種想法就固化在紙上了，可以從容地進行對比和推敲，有什麼不妥或矛盾的地方比較容易發現和糾正，所以手腦並用的過程是一個準確記憶和加固記憶的過程。

背誦記憶法

每天堅持十到二十分鐘的背誦，也能增進記憶力。所以，我常常在休閒時背誦一些名篇、成語、佳句、詩歌、短文、數理公式、外文單字等知識。經過一段時間的練習，取得了非常可喜的記憶效果。

1　明確目標

有人實驗過，讓兩組學生誦讀同一篇課文，事先要求甲組學生背誦，而對乙組學生沒有任何要求。結果，甲組學生的記憶效率比乙組要高得多。因為明確了目標以後，往往能使人產生濃厚的興趣與完成目標的動力，大腦細胞積極活動起來，加強了記憶的效果。

2　下定決心，集中精力

背誦首先要「下定決心」。不要一看到背誦的內容很長、很枯燥，就開始動搖、退縮。不專心的情況下，即使重複的次數再多，背誦的效果也不會理想。「我一定能背完它！」建立背誦必勝的信心，集中注意力，緩解情緒，排除雜念，開始自己的背誦學習之旅，你就一定可以在最短的時間內記住你所要記憶的內容。

3 理解體會，尋找訣竅

一切知識都是可以理解吸收的，但是由於每個人的學識不同，理解能力不等，很多資料不是一下子就能理解透徹的，背誦可以在初步理解的基礎上進行。有人懶得動腦筋，習慣照本宣科，其實這是不利於記憶的。例如背誦詩詞，凡是文字艱澀、典故生僻的，不弄清原義就很難背誦，即使一時記住了也容易忘。

4 複習默寫不可少

時間不同，背誦記憶的效果也不一樣。要充分利用自己的閒暇時間，提高背誦效果。如早晨背誦過的知識，晚上睡前以及第二天起床後，再背一次，對於鞏固記憶效果很好。

5 手腦並用記憶好

在背誦的過程中，可以採取邊背邊抄、定期默寫的方法，加深印象，增強效果。長期的抄寫、默寫訓練，會提高背誦的品質和效果。

6 出聲朗讀

朗讀時，口裡發音，耳朵聽聲，眼睛看字，多種感官同時運用，記憶效果最佳。

7 不要「逐字逐句」背

應先背大方向，先背大概念，再具體背每個大概念下的小

第六章　提高成績，掌握更多記憶法

概念，然後逐步深入到每個小概念下的具體內容。如果把知識比作「大樹」，就先記憶「主幹」，再記憶「枝椏」，最後記憶「樹葉」。

背誦作為一種記憶法，最主要的一點是必須與原文一字不差。這是一種既常用而又特殊的方法。檢驗一個人記憶力的好壞，最重要的一項指標就是記憶的準確性，如果記得不准，那麼，即使再快、再多，也毫無意義。而背誦正是以正確性為最低標準的。心理學家做過這樣的實驗：寫出十六個無意義音節，讓被試者記憶九分鐘，然後馬上回憶。被試者中全部時間用於朗讀的，當時只能回憶 35%；而五分之一時間用於背誦，能回憶一半；五分之二時間用於背誦的，能回憶 57%；五分之四時間用於背誦的，能回憶 74%。

同樣是對這些無意義音節進行記憶九分鐘，四小時後再回憶，全部時間朗誦的只能回憶 15%；五分之一時間用於背誦的，能回憶 26%；五分之二時間用於背誦的，能回憶 37%；五分之三時間用於背誦的，能回憶 37%；五分之四時間用於背誦的，能回憶 48%。

就背誦來講，可以分為機械背誦和理解背誦。機械背誦是在無需理解資料的情況下機械地重複記憶，理解背誦則是在對資料理解消化的基礎上進行的。我們提倡的是理解背誦，不過，即使是機械地背誦，也不能一概反對，而應該兼取兩家，

發揮理解的優勢，利用機械背誦的長處去記憶。

朗讀記憶法

我天生比較膽小，再加上講話有點口音，經常不敢在同學和老師面前表達自己的看法。每當老師在課堂上要求我們朗讀課文時，我也生怕同學笑我，而不敢發出聲音來，只是默默地看。久而久之，我越來越不敢說話了。而且，記憶效率也下降了不少，我到底該怎麼辦呀？

1 朗讀要選對時間

大聲朗讀的時間最好選在早晨，因為早晨空氣清新，放開喉嚨，吸入新鮮空氣，能夠消除一夜的睡眠帶來的頹廢，對身體的調整也有很大的好處。在這樣的狀態下，意氣風發，浮想聯翩，一些課業中的困惑、煩惱都會被拋之腦後。心境開闊後，情緒也調整好了，記憶的收穫也就大了。

2 大聲朗讀便於集中精力

人在大聲朗讀的情況下，大腦處於排空狀態，此時人們會集中精力去記憶，使大腦處於有利記憶的狀態。

3 大聲朗讀有利於形成語感

在大聲朗讀時，需要注意斷句、語氣等，對於文中所涉及的語音、詞語、文字等，需要慢慢品味與思索，這是一種不知

不覺的語感訓練。有了語感後，容易在理解的基礎上加深記憶。

　　默記和大聲朗讀同樣是記憶，但是記憶效果卻是大相徑庭。默記許久的東西，可能經過朗讀幾遍就能夠記住。這是因為大聲朗讀能夠將文字轉化為有聲語言，口讀耳聽，口耳並用，增加了向大腦傳輸資訊的管道。這不僅使閱讀變得生動起來，而且印象深刻，便於記憶和理解。

對比記憶法

　　在讀書的過程中，我常常感覺到，需要記憶的知識有很多相似性。拿國文中「辨、辮、辯、瓣」來說吧！差別就在中間部分。「辨」，辨別方向要用到眼睛，所以我們可以把「辨」中的那一點想像成眼睛，那一撇是眼皮；「辮」，髮絲能編成辮子，所以中間是糸；「辯」，張嘴說話才能爭辯，所以中間是言字；「瓣」，花瓣謝了能長「瓜」。

1　順序比較法

　　順序比較法是指新舊知識之間的比較，這是一種縱向的比較。一般做法是在接觸新知識時，把它與頭腦中已有的知識相比較，看它們之間的聯繫，相同與不同之處。經過這樣的比較，可以強化記憶。

2 異同對比法

如以議會制的共和制和總統制的共和制為例，兩者的相同點是：兩者都是民主共和制；國家權力機關和國家元首都由選舉產生，並有一定任期；國家元首都稱總統；立法機關都是議會。兩者的差別是：① 議會和政府的關係不同。議會制的共和制國家，政府對議會負責，受議會監督；總統制共和制國家，政府和議會是相互獨立的。② 作為國家元首的總統權力大小不同。議會制共和制國家的總統只擁有虛位，沒有實權。總統制共和制國家的總統擁有實權，統率陸、海、空三軍。③ 政府（內閣）的組織程序不同。議會制共和制國家的政府的組織取決於議會選舉的結果；而總統制共和制國家的政府的組織取決於總統的選舉結果。

3 時間對比法

西元前 221 年，秦始皇統一中國；西元 221 年，劉備建蜀。張騫出使西域，兩次的時間分別為西元前 138 年和西元前 119 年，後者與火警電話號相同，19 的兩倍又正好是 38。西元 1616 年，努爾哈赤稱汗，建金；西元 1661 年，鄭成功攻占臺灣。

4 總結歸納法

為了更有效地記憶單字，除勤學苦練外，我們還應養成愛

動腦、勤思考，愛動筆、勤歸納的好習慣。這樣，日積月累，累積的資料就越來越多，記詞的速度越來越快，效果就會越來越明顯。

5　特徵對比法

如記憶直線、射線、線段的聯繫與差別。

聯繫：直線、射線、線段是整體與部分的關係，線段、射線是直線的一部分。它們都是由無數的點構成的，在直線上取一點，則直線可分成兩條射線，取兩點則可分成一條線段和兩條射線。把線段兩方延長或把射線反向延長就可得到直線。

差別：直線無端點，長度無限，表示直線的字母無序；射線有一個端點，長度無限，表示射線的字母有序；線段有兩個端點，可度量長度，表示線段的字母無序。

語言中有無數對立、類似的關係。比方有人說：「猶太人掌握了世界上龐大的資產。」這句話中的「龐大」如想正確地記憶，最好也能查出龐大的反義詞：「微小」。仔細研究此兩者之差異，互做比較。只要記住其中一方，便能清楚地掌握另一方的含意。借著彼此對立的情況，便能清楚地記住。由此可知，對比法有兩個原則：一是同中求異，即在記憶對象共同點之外找出其相異點。比較時不要停留在資料表面現象的認識上，應著眼於他們本質屬性的比較，抓住細微的特徵進行記憶。二是

異中求同，即在記憶對象相異點外，努力找出它們的相同或相似點。世界上的事物紛繁複雜，儘管表面現象天差地別，但往往有本質上的相同或相似點。如果我們找到它們，就會把它們記得更扎實。

串聯記憶法

在讀書過程中，所學的科目多，會遇到很多的知識，這些知識又都需要記下來。這就為我增加了許多的負擔。而且，重點也比較零散，彼此之間可能並不存在關聯。打個比方說，這就像一個書櫃，死記硬背只是把一大堆書塞進櫃子裡，塞多了連自己都不知道究竟有哪些書。但是如果你能像圖書館藏書一樣，建立一個目錄，將書籍歸好類後按照一定的順序排列，再找起來就會非常容易。我們大腦儲存的資訊和圖書館一樣，如果在儲存時有一定的線索，在提取資訊時就可以按照線索輕鬆回憶起來。

1　用串聯法記憶一組詞

如香菸、木材、熱水壺、日光燈、大炮、書本、瓶子、電風扇、蛋、收音機。就可以這樣記憶，香菸點燃了一堆木材，木材上壓了一隻大得出奇的熱水瓶，而這只熱水瓶的塞子很奇特，竟是用日光燈做的，不知誰用日光燈做大炮的炮管，朝炮

管看去裡面發出一本書來。書本在天上飛舞了一陣，便掉進了一個井口大的瓶子裡。瓶子能罩入一個大電風扇，電風扇吹出了一顆蛋，蛋打碎在收音機上。

2　用串聯法記憶「春秋五霸」

春秋時期，先後起來爭霸的有齊桓公、宋襄公、晉文公、秦穆公、楚莊王，歷史上稱為「春秋五霸」。時間長了，這「五霸」易忘掉其中的一兩個，如果用串聯法記，就容易記牢。即：「近聞（晉文）齊桓採松香（宋襄），鋸斷秦木（秦穆）留楚椿（楚莊）。」

零散的知識是最難記憶的，費的心思最多。但是，如果將零散的記憶對象串聯在一起，就容易很多。但值得一提的是，在串聯時，必須讓事物形象在腦中浮現，即使是 1 毫秒的時間也好。最主要的是讓串聯的事物形成清楚而穩定的形象。記詞彙、記文章都可以使用這種記憶方法。

提綱記憶法

在日常的讀書生活中，我常常會面對一門學科、一篇課文、一個單元的學習資料，內容是很多的，這種東西如何吸收到腦中呢？這就需要提綱記憶法來幫忙。所謂提綱記憶法就是將資料分析、總結，歸納成提綱的形式，加以記憶。具體地

說，抓住資料中最基本、最重要的東西，列出各項重點，按規則、順序、簡要的標題，構成綱要。它充分展現各重點之間的邏輯關聯，對總體結構一目了然。

1　思路更清晰

提綱可以把分散的片段資訊系統地整理出來，便於記憶，提取的時候也較為系統快捷。具有直觀性、概括性、條理性的特點。

2　列提綱有助於抓住重點

列提綱記憶是根據心理學原理和客觀事物發展規律總結出來的，需要使用者積極地思考。只有經過充分地思考，才能把事物的精華提煉出來。在簡化和提煉過程中，對資料理解加深了。這種經過凝縮後的資料言簡意賅，有代表性，容易與頭腦中原有的知識結構相掛鉤，不易遺忘。

3　練習使用概念圖

概念圖也屬於一種提綱。對於一些複雜的知識體系進行分類歸納，並用概念圖來表示。概念圖主要展現的是各概念之間的聯繫，因此當概念之間關係比較複雜的時候，這種方法尤其適用。概念圖不僅能培養孩子的綜合能力，更重要地是能夠幫助自己更好地記憶知識，有助於邏輯思考的發展。

第六章　提高成績，掌握更多記憶法

4　掌握列提綱的方法

做提綱目錄時，首先要分析接收到的全部資訊，按先後順序來理解各個部分，透過綜合來掌握資訊的整體與脈絡。然後比較、抽象與概括，提煉出各個部分的大意，找出重點、難處、類別、主要環節，最後用自己熟悉的語言以提綱目錄的形式表述出來。當然，依據背誦內容不同，可按時漸進、地點轉移、事物歸類等思路編寫背誦提綱。如《商鞅變法》：

背景：土地所有制改變，封建經濟要求發展；

各國相繼變法，西元前三五九年秦孝公任用商鞅實行變法。

內容：廢除井田，承認土地私有；

獎勵軍功，廢除世襲特權；

建立縣制，實行中央集權；

獎勵耕織，禁止棄農經商。

意義：打擊了奴隸主貴族，壯大了地主階級；

確立了封建制，奠定了統一基礎。

在採用提綱記憶法時，一是要看現實情況，該用此法的就用，不該用的不要畫蛇添足；知識多時當用，極短的知識就無任何必要了。二是要在理解知識的基礎上採用，不了解提綱的主體知識而單獨去看提綱只會一知半解。三是要及時複習，提綱雖然簡明扼要，但也不是一下子就能鐫刻在心中的，也應經常複習，經常默寫，這樣才能經久不忘。

簡化記憶法

　　學校的課程多，難度高，面對每門課程大量的內容，我有一種不知從何學起的感覺，覺得要記憶的東西實在太多了，無從下手。媽媽告訴我說：「這就需要對資料進行減肥，進行簡化記憶。」

1　主題簡化法

　　如亞佛加厥定律（Avogadro's law）：「在相同的溫度和壓力下，相同體積的任何氣體都含有相同數目的分子。」我們可以把定律歸納為四同：即在同溫、同壓條件下，同體積的氣體含有相同的分子數。進一步縮記為：同壓、同溫、同體、同分。記憶課文的時候，也可以採用這種方法。

2　分類簡化法

　　如記憶電化學中的原理：氧化 —— 還原反應原理。兩個轉化：電能 —— 化學能的轉化。三個條件：電解質溶液、電極、導線或電源。四個池子：原電池、電解池、電鍍池、精煉池。經過這樣的簡化，是不是感覺記憶負擔輕多了？

3　名稱簡化法

　　如中國地理一章，黃河中下游的省有：河北、河南、山東、山西、陝西五個省和北京、天津兩個市。可以簡化為：二市一

陝四河山。

4　順序簡化

對需要記憶的知識按順序進行簡化，記憶時突出其順序性。這種方法能突出記憶知識的原貌，防止遺漏。

5　數字簡化法

用數字來簡化記憶對象。

古人云：「百煉為字，千煉成句。」嘔心瀝血煉字鍛句，就是一種簡化。簡化記憶法就是對記憶對象進行提煉，抓住關鍵或是重點的記憶方法。當然，簡化時需要你主動思考，只有經過充分思考，才能把事物的精華提煉出來。在簡化和提煉的過程中，你對資料理解提高了，理解加深了，就容易與頭腦中原有的知識結構相連，不容易忘記。

重點記憶法

我是一個比較善於歸納總結的人，因此每次上完課後，我都會把每節課的上課思路歸納一下。在這一過程中，我發現老師每次都會為重點做一些舖陳，透過這種方式來加深我們的印象。對我來說每上一節課就像跟著老師去旅行一般，大腦要不斷思考新問題。而且要從老師的講解中，找出什麼是重點，以及它和其他知識之間的關係。否則，就會漸漸遺忘老師所講授

的內容。

1　找出重點

在這一過程中，你可以用本子或者其他書蓋住難以記住的內容，先行背誦。當背到這一部分時，如果實在想不起來，可以拿開本子或書，認真仔細地看一下。反覆幾次，這樣，重點內容記住了，其他部分大概也差不多了。

2　掌握重點

人的大腦容量是有限的，不可能記住所有的東西。所以，對所學知識並不要求全部都記下來。只要求你會分析，從分析中，提煉出哪些一定要記住，哪些可以不記。如公式、定理等要牢記，而由此推導出來的複雜公式與過程沒有必要背下來。

3　畫知識結構圖

把自己學過的知識畫出一幅知識結構圖，由此可以明白知識間的相互聯繫。自己來歸納，就能讓這幅圖留在自己的大腦中，而且人們一般形象思維都比較強，所以在需要的時候可以立刻回想起來。

4　總結異同

比較各重點之間的異同，並用自己的話講出來。這一過程雖然稍顯麻煩，但你可以清晰地區分那些容易混淆的概念，而這些自己總結出來的規則，總會記得格外清楚。

5　歸納重點

對每個重點進行歸納，標明它的適用範圍限制條件。這實際上就是在整理十分實用的規律，幫助自己輕鬆應對考試，準確地識別出試題中的各種陷阱。

6　自己整理的才屬於自己

跟著別人學知識，知識就是別人的，而只有自己總結出來的知識才是屬於自己的。背別人的結論既辛苦，效果又不好。而自己總結出來的結論不用專門去背，也能記得很牢。

讀書時，並不需要把全部內容都記住，事實上，這也是不可能的。很多人也都有這樣的經驗，每當你記憶某一段資料時，記憶並不是按順序進行的。往往是先記住了其中一段，也許是第一段，也許是中間的某一段，然後再記住更多的，直到全部記住為止。這是為什麼呢？原因就是記憶有一個自動選擇的機能，它往往根據自身的興趣來選擇要記憶的重點。只有這樣，才能更牢固地掌握知識。

形象記憶法

現代需要記憶的知識越來越多，讀書的壓力也越來越大了。以前老師讓大家背誦，讀幾遍就記得差不多了，可是年紀大了，怎麼都記不起來。難道是自己腦袋壞了嗎？為此，我還

單獨去向長輩請教，長輩聽後告訴我說：「你的原因出現在沒有進行形象記憶。」

1 形象比喻

如某人愛說，人們就稱他「烏鴉嘴」；某人瘦得可憐，比喻為「瘦竹竿」；某人活潑好動就比喻為「猴精」等等。

2 漢字形象

蘇拉威西島像「斤」字，蘇拉威西島，「斤斤」計較；白海像「7」字，白海旁有白石，白石畫家本姓齊（7）。

3 運用實體

如讀書時可以借助模型、圖像、照片、錄影、電影、電視等，經由對它們的觀察來獲得對事物的具體認知，增強記憶的牢固性和持久性。

4 字母形象

黑海像「F」，輕輕掀起我的黑髮（F）；波羅的海像「K」，「鳳梨」圓圓像蝸殼（K）；千里達島像「J」，千里達有（J）轎車。

5 語言描述

對於抽象的資料可以用形象化的語言來闡述，也就是所謂的深入淺出，記憶起來就會快得多。

6 形象特徵記地圖

義大利像隻皮靴，義大利軍官穿大「皮靴」。

7　幾何圖形

亞洲像一個不規則的菱形，亞洲人舉啞鈴（亞菱）；歐洲大陸像一個平行四邊形，歐洲人拾起一隻死海鷗（四歐）；澳洲像一個五邊形，澳洲人笑傲江湖（澳五）；南美洲像一個三角形，男（南）美人如山（南美三）。

俗話說「百聞不如一見」，聽到的遠不如看到的印象深刻。像是記憶「電腦」只記住電腦兩個字時很難記住，若在腦子中浮現出電腦的形象，我們的記憶就變得牢固多了。記憶英文單字也是如此，例如記「coin」，不能只記「硬幣，」如果相應的在大腦中描繪出百萬英鎊的形象，就會發現這個單字好記多了。總而言之，要想把抽象的東西構成形象的事物在大腦中描繪出來，最有效的記憶方法和竅門就是把這些抽象的事物與自己最熟悉的形象連結起來進行記憶。只要稍加練習，就能學會這個方法。

理解記憶法

老師講的內容，我就是跟不上，有時不明白什麼意思，根本理解不了，更記不住。時間久了，也就不愛讀書，寫出來的作文也不好，東一句西一句，沒有什麼邏輯，只是為了完成老師交代的任務，而且一遇到難題，我就不知道該用什麼公式

解……這怎麼辦？

1　在理解的基礎上進行記憶

艾賓豪斯在做記憶的實驗中發現：為了記住 12 個無意義音節，平均需要重複 25 次。為了記住 36 個無意義音節，需要重複 54 次。而記憶 6 首詩中的 480 個音節，平均只需要重複 8 次！這個實驗告訴我們：凡是理解了的知識，就能記得迅速、全面而牢固。死記硬背效果並不好。理解記憶是以理解內容為前提的。所以，我們要「先理解、後記憶」，而不要從一開始就逐字逐句地死記。

2　抓住特徵記憶

如：「線」、「錢」、「淺」、「棧」，根據聲旁我們可以知道它們的讀音大致與「箋」相近，根據形旁我們可以知道它們的字意內容分別與「絲」、「金」、「水」、「木」等事物有關。

3　嘗試不同的記憶方法

根據學習內容的不同，可以嘗試不同的記憶方法，保證記憶效果。常用的記憶高效率法，如多通道記憶法、諧音記憶法、口訣記憶法等，都可以嘗試一下。

4　從已有的經驗出發

理解必須建立在已掌握知識的基礎上，理解能力，是在經驗和智力的基礎上培養和發展的。所以，要遵循從已知到未

知、從不確切的知識到比較確切的知識、從具體到抽象、從易到難、從簡單到複雜、從近到遠等，使理解能力逐步提高。

5　融會貫通

就是將所理解和記住的各種局部內容，聯繫起來反覆思考，全面理解。這樣更有利於加深記憶。

6　訓練獨立思考能力，養成良好的讀書習慣

如做好課前預習，課堂上認真做筆記，邊聽邊理解，課後複習整理，獨立完成作業，最後還要進行課外閱讀等。遇到疑難問題，應該自己先思考，解決不了時再向老師和同學請教。對課本知識要有批判思考，多問幾個為什麼，獨立思考往往會達到事半功倍的記憶效果。

7　實踐運用

所學的東西是否真正理解了，還要看在實踐中能否運用。如果應用到實際工作中就「卡關」，那就說明並未真正理解。真正的理解是有具體標準的：一是能夠用語言和文字解釋，二是會實際運用。在實際運用過程中，會繼續深化理解。

很多人都是抓住要記憶的內容，連閱讀一遍的習慣都沒有，就開始背誦一番。有時一篇課文要背誦幾十遍才行，這樣的背誦方法絕對是不可取的，它既浪費時間又浪費精力，並且容易遺忘。所以，要想在有限的時間裡背誦所有知識，一定要

在理解的基礎上進行記憶。因為，理解是記憶的基礎。只有理解的東西才能記得牢、記得久。死記硬背的機械記憶不僅浪費時間，而且記憶也不牢固，很容易就會忘記。沒有理解的東西，只能算是背下來，根本不會運用，這樣也無法真正掌握知識和提高成績。而真正做到理解就是要懂得記憶內容的實際意義，對某些知識不僅要「知其然」，而且要「知其所以然」；不僅能回答「是什麼」，而且能回答「為什麼」。只要理解了，記憶也更容易持久。反過來，記憶又能幫助理解，知識多的人也往往是理解能力強的人。

連鎖記憶法

今天有考試，因為以前都背過，一個半小時後我滿心歡喜地交了考卷，本以為會得高分，可結果卻令人失望。一看考卷才知道，自己在進行論述的時候，少答了好多東西。怎麼會這樣呢？我百思不得其解，只好去問老師，老師告訴我，之所以會出現這種情況，是因為我沒有運用連鎖記憶法，而且這種方法也適用於其他學科。

1 滑動連鎖

主要是指連鎖是逐級進行的，它要求上下級之間保持由上往下滑的趨勢，若沒有滑動趨勢，就不能順利地帶出下一個記

憶對象。如鋼筆與凳子，聯想鋼筆放在凳子上不太好，因為是一種靜態印象，動不起來。若聯想為鋼筆從空中掉下來落在凳子上，經由運動留下動態印象，這要比靜態印象要深刻得多。

2　單向連鎖

連鎖時，要求上級帶出下級，而且只能帶出一個確定的下級，不能出現多個並列的下級。如卡車與馬，聯想卡車被馬追上了，不太符合實際。應該透過卡車主動性地引出馬，而不是被動的，否則單向性不強。因為卡車被馬追還是被牛追，容易出現混淆現象。如果聯想卡車壓死一匹馬，卡車的主動地位就展現出來了，留下的印象就會比較深刻而且不容易混淆。

3　方向連鎖

連鎖時，必須保持先後關係，次序不能顛倒，否則會中斷連鎖。如夜空與星星，聯想為星星在夜空中閃爍，這樣很不好，弄反了原來的位置，原來是要用夜空引出下一級，若把星星放到前面去了，夜空就找不到下級了，造成連鎖中斷。如聯想為夜空下面懸掛著很多星星，這樣就清晰多了。

4　差別連鎖

連鎖聯想時，要造成多種變化，形成強烈對比，盡量避免把相近的事物聯想在一起，避免產生同類抑制現象。如汽車連火車再連曳引機，聯想為：汽車推火車，火車推曳引機，兩次

聯想的模式沒有變化容易產生干擾現象，不好。可以這樣聯想：汽車推火車，火車撞翻了橫在道上的曳引機。

「連鎖記憶法」，就是透過對資訊的加工處理，將其重新組織成一句有意義的話，使之成為一個小故事或者有意義的小片段。自然界的萬事萬物之間或許不存在直接、必然的聯繫，但是可以將沒有規律的詞像鎖鏈用故事串聯在一起，一環套一環，易於記憶。如：要想記住爆米花、圖書館、狼狗、書包、大樹、太陽、石頭、救護車、泡麵、電視、牙籤、餐巾紙、電話、火警、行李這十五個詞語。你就可以這樣來進行記憶：「我吃著爆米花去了圖書館。路上碰到了一隻狼狗追我，我就跑。跑的過程中書包掉了。狼狗還在追我，我就爬到大樹上去了。上了大樹以後呢，太陽太晒，我被晒昏了，從樹上掉了下來，掉到一塊石頭上。然後就來了個救護車把我送到醫院去。在醫院，我一邊等待治療，一邊吃泡麵。吃完泡麵就看電視。看電視時拿出牙籤剔牙，然後用餐巾紙擦嘴。突然接到電話，說發生火災，於是提起行李就跑去救火。」把差異大的詞語連貫有了故事性，也非常生動形象。

系統記憶法

每天都要學習不同的知識，而且這些知識有一個相同的特

點，那就是很散，給人一種零零碎碎的感覺，沒有系統，記住了這個，忘記了那個，怎麼辦呀？

1　建構知識樹

這個樹是空的，僅僅是一個架構。在開始的時候，可以以教材的目錄、章節為節點，畫出樹狀圖。

2　找出重點

透過分析、歸納，將重點的特性，特別是與其他重點或者外界的聯繫發掘出來，這樣聯繫起來，自然就會形成一個系統，很容易記憶了。

3　將重點掛在樹狀圖上

這些重點就相當於樹的葉子、果實、花等。可以根據重點的特性，調整樹狀圖結構。如根據感覺和推理，留出樹狀圖的空缺部分，適當的空缺就是其他相關教材或學科的補充處。這樣來記憶，不僅形象生動，而且讓知識之間的聯繫更深，使你輕鬆獲得更多的知識，豐富了你的知識含量，也能讓你集中記憶這些內容，方便吧！

4　「憶」的過程

因為建構知識樹，需要運用的思考才可以完成。所以，在這一過程中就已經開始包含「憶」的成分了。只有「憶」，才可能取用其他重點，與此重點產生連結。知識樹需要不時地回

想，以掃描缺少的枝葉，再及時地集中精力，將遺失的枝葉重新掛到知識樹上。回想的過程就是「憶」的過程，憶的次數多了，想不記都困難了。

5　「記」和「憶」的統一

「記」和「憶」是兩個不同的過程，但是他們不是孤立的，而必須交錯行進。根據「憶」的需要去補充「記」，將使「憶」更有效，也更完全。

系統記憶法是系統學習法的重要元素。系統記憶法要求人們把需要記憶的內容的關係層次弄清，盡可能地以更大的架構進行記憶，最好還能夠結合以前已經知道的內容。當你掌握了這種記憶方法後，相信你再也不會感覺重點零散而不容易記憶了。

顏色記憶法

對於我來說，記憶篇幅較長的文章，是相當乏味的，加上不知道重點記憶，拿到一篇文章就從頭到尾的一遍又一遍地反覆背誦。時間久了，還是背不下來，必然就會失去記憶的興趣。朋友知道後，告訴我用顏色記憶法。所謂顏色記憶法就是用不同顏色的筆，在課文上畫出重點，然後逐一擊破，再聯繫在一起，就很容易記憶了。難的內容背下來了，整篇文章也迎

刃而解。

1　色彩鮮豔，可以刺激記憶

這就是為什麼市場上那些帶圖畫的彩色書深受小朋友喜愛的原因了。其實人類都一樣，大多對花花綠綠的東西記憶深刻。這是因為色彩可以透過眼、腦結合給人們留下深刻的印象。這是一種視覺上的衝擊，給視神經造成強烈的刺激，進而在大腦中留下的印象極為深刻，能夠加強記憶。所以，在黑白為主的課本上用顏色圈點出來的難點就顯得格外耀眼，給人眼前一亮的感覺，就容易記憶。

2　採用不同顏色加以區分

不同的內容要用不同的顏色加以分別標記，這樣有助於聯想記憶。如在國文課文中，生字用紅色，成語就可以用綠色，重點句子就可以用黃色……總之，重點不同，就採用不同顏色加以區分。

3　同一內容不可塗抹太多顏色

對所記憶的內容標注顏色，雖然有助於記憶，但如果顏色過多，就會顯得太雜了，給人一種眼花撩亂的感覺。這時候，不但不利於記憶，反而會適得其反。所以，一定要注意。

如果在一堆黑白文字中突然看到彩色，我們會有一種眼睛一亮的感覺，這就是一種視覺衝擊。如果在課本上把重點內容

用彩色的筆劃起來，用彩色的筆給知識重點圈注，本來清一色的白紙黑字，對視神經的刺激比較弱，不容易造成深刻印象。用了鮮豔的色彩圈注知識重點，使其比原來更「搶眼」，成為「與眾不同」的視線焦點，會給視神經造成強烈的刺激，進而在大腦中產生深刻印象，就能達到加強記憶的目的。

自我測驗記憶法

《論語·學而》篇中，有曾子言：「吾日三省吾身，為人謀而不忠乎？與朋友交而不信乎？傳不習乎？」，證明自我檢測、反省，是自古聖人之舉。聖人之所以為聖者，乃自我測驗、自律之楷模，要想進步，就應該把隨時自我檢測作為一種自我要求，從中發現自己的對錯、優劣，以便下一步能清楚明白自己該掌握什麼才能，改進、彌補什麼不足。

1 自問自答

在背書時問自己：「假若我是老師，我希望學生掌握哪些重點呢？」如果經常對自己提出這樣的問題，從多種角度自問自答，就會有意想不到的效果。因為自問自答能使人進一步弄清楚讀書的目的，增強讀書的興趣，激發讀書的熱情，而這些都是增進記憶必不可少的因素。

2　嘗試回憶

在大腦中把以前學過的知識回想一遍，有人稱之為「播電影」，好像大腦裡有臺電視機，一幕一幕的情景，緩緩而出。這是逼著自己專心致志地去動腦思考和回憶。在閱讀和朗讀到一定程度後，合上書本試著默默地回憶，如果書本內容非常流暢地回憶出來，說明已掌握好；如果有許多模糊處，就該與原文核對。在回憶的過程中，要保持良好的精神狀態，要不以為苦，這樣效果會很好。

3　默寫自我測驗

默寫出文字符號比只看不寫的記憶效果顯著。這是因為默寫時注意力高度集中，大腦思考活躍，必然使知識的記憶得到強化。

4　截長補短

對所學知識進行論辯、探討或者與其他同學交談，有意把自己和旁人作對比，以此了解自己究竟掌握到何種程度，還有哪些不足的地方要加強，正確的地方要堅持。這樣做，不但可以擴大視野，集思廣益，而且有益於記憶。

5　了解自己

隨時對自己提出問題，看看自己能否正確解答。若能正確解答，證明自己掌握了應該掌握的知識，如果回答錯誤，說明

自己還沒有弄懂。

6 對人試講

在熟練地掌握知識的情況下，用自己的話表述出來，在講的時候，同時也整理自己的知識系統，加深對所學知識的理解以及記憶，何樂而不為呢？

藉由自我測驗，確切了解自己的「底」。所謂「底」，就是透過自我測驗知道自己還有哪些知識沒有學好，沒記住，哪些地方不足，馬上糾正，避免一錯再錯。此外，自我測驗還可以培養我們隨機應變的能力。如在考試中，考題往往變換了角度，與原來讀書時大不相同。在平時的讀書中，如果經常運用自我測驗記憶法，對所學知識從多方面理解消化，就能做到胸有成竹，不會自亂陣腳，即使遇到出乎意料的問題，由於平時訓練有素，也能穩健處理。正所謂知己知彼，百戰百勝。可見自我測驗就是了解自己掌握知識的情況，最直接最有效的記憶途徑。

聯想記憶法

對我來說，記憶歷史年表、事件非常困難，可是歷史老師偏偏要求背誦，記清楚什麼時間發生了什麼事，是在什麼背景下發生的，有什麼歷史意義……總之，要記的東西實在太多

了，而且還不容有一點錯誤，否則可要背上「篡改歷史」的罪名了。不僅如此，其他科目要背的東西也不輕鬆。我的朋友告訴我，可以運用聯想法試試看。

1　相似聯想記憶

從同類事物中找到相似之處，再找出它們之間的不同之處，可以讓印象深刻，不僅容易記住，而且記憶比較牢固。如鞋子與木屐、蔬菜與水果、商場與超市等。

2　反向聯想記憶

也就是說由對某一事物引起與它有相反特點事物的記憶。如從林則徐主張禁煙聯想到穆彰阿等人反對禁煙；再如感情相關的反向聯想，喜與悲、怒與笑、緊張與輕鬆、樂與苦等，在頭腦中形成正反的鮮明對比，有助於加強記憶。

3　年代聯想法

如義和團運動的年代，可先複習中日甲午戰爭的時間，再聯想四年後的戊戌變法，然後以「兩年後」聯想匯出。這種方法一般在歷史課時使用。具有強化其發生年代與複習相近史實時間的作用。

4　地點聯想法

如北京，聯想的史實包括郭守敬開鑿通惠河、元朝大都繁榮景象、明初營建北京和李自成攻占北京等。這樣聯想，既可

掌握相關的歷史知識，又能了解該地的歷史發展概況。

5 流程聯想法

Pattern 就是「基礎、流程」的意思，我們的日常生活都有一個模式：起床、刷牙、吃早餐、上學、上班等。這種固定模式很容易使我們從起床聯想到刷牙，聯想到吃早餐，聯想到上學上班。所以，記憶的事物如果有流程可循，就能產生牢不可破的記憶鏈。

6 口訣聯想法

如八國聯軍的國家有俄羅斯、德國、法國、美國、日本、奧匈帝國、義大利及英國。從每個國家的第一個字下手，就是「俄德法美日奧義英」，串成口訣就是「餓的話（俄德法）每（美）日（日）熬（奧）一（義）鷹（英）。」這樣就很容易記憶了。

7 地名聯想法

智利的首都「聖地牙哥」可記憶為：一個人的智力勝過他的弟弟不如哥哥，即「勝弟壓哥」。

8 成對聯想

成對出現的事物在我們生活中比比皆是。如在擬定購物清單時，這麼寫：報紙 —— 火柴（「要把火點起來，我需要一些紙張和火柴」），筆記本 —— 鉛筆（「要記下什麼東西，我需要筆記本和鉛筆」）等等。

9　拆分聯想

如用聯想法記憶晉滅吳的時間。西元二八○年，晉滅吳，從而結束了三國鼎立局面。吳滅了，就等於吳被拆散了，消失了，而吳字可以拆成「二、八、口」三個字，正好與二八○相合。

聯想，就是當人腦接受某一刺激時，浮現出與該刺激有關的事物形象的心理過程。一般來說，互相接近的事物、相反的事物、相似的事物之間容易產生聯想。利用聯想來增強記憶效果的方法，叫做聯想記憶法。它是一種很常用的方法，在我們的記憶當中，發揮著巨大的作用。如有時候掉了鋼筆，不知是掉在教室裡了，還是掉在操場上了，我們會盡力回想。當想到走出教室門摸摸鋼筆還在的時候，那會想到是掉在操場上了。究竟是掉在操場的哪一處了呢？又想起在操場中間跌倒，是不是掉在那兒了呢？當走到操場中間，果然發現了鋼筆。我們這種回想的過程也就是一種聯想的過程。可見，單記一樣東西是很容易忘記的，應該把要記憶的東西與另一事物兩者之間聯繫起來，以一方帶出另一方，可以減少遺忘。

圖像記憶法

每天面對著那些白紙黑字的課本，別提有多乏味了，根本

就提不起精神來。慢慢地成績也下降了。對此我也不太介意，索性自暴自棄，隨便吧！所以，我天天借一些武俠小說來看，那裡面的插圖深深地吸引了我。當我讀完文字很容易就能將那些文字與插圖連結，而且能在大腦中自己勾勒出圖像。更讓我高興的是，這樣看過後，我還記得深，記得牢，記得久。當我把這一發現運用到讀書上時，效果還不錯，一段時間下來，我又回到前面的排名了。

1 圖像轉化法

如記憶「唐宋八大家」。韓愈、柳宗元和宋代歐陽脩、蘇洵、蘇軾、蘇轍、曾鞏、王安石。

韓愈＝含玉

柳宗元＝柳（樹）

歐陽脩＝（太）陽

蘇洵、蘇軾、蘇轍＝三蘇＝三叔

曾鞏＝鞏＝拱橋

王安石＝石（頭）

在腦海裡組合圖像：

橋由石頭組成，旁邊有棵柳樹，天上有個太陽，橋上站著三叔，三叔嘴裡含玉。

2　地形圖像法

如中國的煤炭資源分布，主要有山西、內蒙古、陝西、河南、山東、河北等等，地名多，很難記。可以用圖像記憶法，在圖上找到山西省，先知道山西省是煤炭資源最豐富的省。再結合中國煤炭資源分布圖，找出分布規律：以山西省為中心，按逆時針方向旋轉一圈，即可記住這些省區的名稱。陝西以北是內蒙古、以西是陝西，以南是河南，以東是山東和河北。接著，在圖上另外記煤炭還分布在安徽和江蘇省北部，以及地處邊緣的新疆、貴州、雲南、黑龍江。

3　數字圖像法

如要記住艾菲爾鐵塔正式對外開放的時間 —— 西元 1792 年。為了要記住這四個數字，你可以想像自己來到了巴黎，一天晚上，手裡拿著一支蠟燭（數字 1）向艾菲爾鐵塔走去。走到入口時，突然看見一位身材彪悍的大漢正拿起斧頭（數字 7）砍鐵塔，想像他怎麼砍都砍不動，感覺非常沮喪。你開始登塔，到了塔頂之後，有人遞給你一個氣球（數字 9），為了加深記憶，你可以想像氣球是你最喜歡的大紅色。你在塔上俯瞰整個巴黎，燈光璀璨，美不勝收。抬頭仰望星空，月光皎潔，你甚至看到了一隻天鵝（數字 2）從天空飛過。這樣的畫面清晰又充滿動態感，對記憶大有幫助。

4　古詩畫面法

背誦古詩時，我們可以先認真揣摩詩歌的意境，將它幻化成一幅形象鮮明的畫面，就能將作品的內容深刻地儲存在腦中。如讀李白的〈望廬山瀑布〉時，可以根據詩意幻想出如下畫面：山上雲霧繚繞，太陽照耀下的廬山香爐峰好似冒著紫色的雲煙，遠處的瀑布從上飛流而下，水花四濺，猶如天上的銀河從天上落下。記住了這個壯觀的畫面，再細細體會，也就記住了這首詩。

記憶表面文字確實很枯燥，但如果把這些枯燥的文字在腦海裡構建出相應的圖像，就可以幫助我們進行記憶。邏輯思維屬於我們的左腦功能，而記憶圖像是右腦的形象思維。偶爾用用我們的右腦也能減輕左腦的負擔，而且想像圖像還能緩解壓力，擴散思考，訓練聯想的能力，增強記憶的樂趣，可謂一舉多得，何樂而不為呢！

選擇記憶法

太累了，每天要記的東西太多了我，不是背課文，就是背戰爭條款，不是背世界國家，就是背英文單字……我什麼時候才可以解脫啊！

第六章 提高成績，掌握更多記憶法

1 檢查必須記憶的事物

檢查一下必須記的事物，先想一想以後還有用嗎？有沒有記憶的必要等等。有助於選擇對自己有幫助的、有意義的部分，從中取其精華去其糟粕，減輕記憶過多事物的負擔，並避免將時間浪費在不必要的事物上。讓你有更多的時間去記真正該記的東西。

2 確定目標

要確立讀書或記憶的目標，再依照目標選擇多種資料。最好請老師或是前輩開個書目，這樣不僅能掌握知識，還能節省很多時間，豐富你的課餘文化生活。

3 弄清關係

弄清知識之間的結構關係，以便選擇讀書、記憶的資料。

4 提煉重點

記憶中要善於抓住資料中最有價值的地方，一本書也好，一篇文章也罷，往往只有一條主線、一個主題、幾段精彩的論述，一些必須記住的重點，其餘的只是烘托或輔助。因此必須提綱挈領地進行選擇性記憶。

俗話說，讀書有捨才有得，氾濫不如一精。知名語言學家呂叔湘說：「我們各門學科都有一些基本的知識要記住，基本公式、規律要記住，這是不錯的。但是，不是所有的七零八碎的

繁瑣的東西都要記住。書上都寫著在哪裡,什麼時候你去查一查就行了。」可見,讀書必須有選擇,記憶更要有選擇。

列表記憶法

　　記憶背誦主要依靠對文字符號的理解。可是我又偏偏是一個理解能力較差、缺乏想像力的人,不能領會文中敘述的內容,這怎麼辦?為此,我向老師請教,老師問我,你對書中配有圖表或圖片的知識,是不是容易接收呢?看我點頭後,老師繼續說道:「為了方便記憶,你也可以繪製圖表,但要盡量做到整潔、清楚,用色彩區分、描繪,就能給人留下深刻的印象,記憶效果最理想。」

1　列表的種類

- 一覽表,站在統觀全域的角度,能夠全方位觀看記憶資料;
- 系統表,命名記憶資料系統化,便於通盤掌握和整體記憶;
- 比較表,即對記憶資料進行比較和分類,從特徵上掌握資料;
- 統計表,把記憶資料製成表格;
- 關係表,即用簡單的圖式把知識間的關係標示出來,以便於形象記憶。

2　列表前要做好準備

如我們把英文單字放到表格中去記憶，完全是為了使單字條理化。因此，我們在把單字列入表格之前必須對這些詞進行整理，使它們具有某種聯繫，或詞形相近，或語法作用一致，或與某些詞語搭配相似等等。總之，嚴禁把單字拿過來雜亂無章地堆砌，以免給記憶帶來麻煩。

3　繪製圖表

在繪製過程中，最好自己動手「創造」，而且應注意線條簡潔，立意新穎，最好是選用彩色的筆。因為這樣有助於對記憶資料的理解。

4　設列表格要以實用為出發點，不必弄得太繁瑣精美

不要為畫表格而花費許多時間，這是沒必要的。畫表格，看重的是表格的條理與方便性，是記憶的速度，是記憶的效果，如果都在畫表格沒有記憶就本末倒置了。

5　圖表要簡單清楚

這樣方便記憶，使人過目不忘。如歷史事件年表，短短幾頁紙，就把完整的歷史發展狀況記下來，讓人一看就懂。

6　清單的步驟

根據記憶的需要首先對資料進行分類，看其適合編製哪種類型的圖表。查找和歸納資料的主要特徵、特點，比較不同資

料的異同點。按不同類型表格的規格和形式編製表格。按照表格內的基礎，逐一把資料的主要內容填到表中。運用列表記憶法不必專門去死記硬背，因為往往一張圖表整理出來，腦子已形成深刻的印記。

　　清單記憶法就是把要記憶的內容放到列好的固定的表格中去記的方法。圖表的作用在於提綱挈領地表列事物，以便一目了然地看清事理；可以把分散、零碎的資料統合，從整體掌握記憶對象；可以把所要記憶的資料互相比較和分類，以便更清楚地看到表列內容的連結和差別、特點，從特徵上記憶資料；還可以把先後學習的資料按順序排列、系統組合，從規律上掌握。就是因為妙用無窮，變化多端，列表記憶法是自古以來就被廣泛地採用而且記憶效果甚佳的記憶方法。

辯論記憶法

　　說來也奇怪，每次我和他人為了某一件事辯論得面紅耳赤的時候，這件事往往能給我留下深刻的印象，記憶得相當清楚。

1　學習古人
　　古人提倡在讀書和學習中辯論，就是因為辯論能加深記憶的效果。

2　辯論態度要正確

進行辯論要保持友善的、平等的態度，而不應該鑽牛角尖。既要允許對方有錯誤或與自己不同的見解，也要承認自己的不當之處。對他人的錯誤要善意指正，對自己的錯誤要勇於承認並積極改正，絕不可以固執己見。

3　課堂上的討論

課堂學習中，老師會要求我們討論，也可能會因為某個題目辦理一次辯論賽，這些活動在激發創造力的同時，也加深了我們的記憶效果。

4　在複習和考試前和同學進行問答

在複習所學知識時，和同學問答有助於回憶上課講授的內容，而考試前進行問答，就會對對方提出的問題再次思考與複習，不自覺加深記憶。

5　方法要正確

辯論中最忌諱的就是跑題。如果離題萬里，就無法得出正確的結論。而且在辯論的過程中，要始終堅持獨立思考，不能人云亦云，不懂裝懂，一定要徹底弄明白，因為知識的學習容不得半點虛假。

6　辯論的人數不宜多

因為人數多，就有人沒有發言的機會，兩個或三四個人一

起討論效果最佳，若超過這個人數，必定會有一個人握有主導權，而比較不愛說話的人就沒有機會發言了。

辯論記憶法就是透過與別人對要記憶的內容進行辯論、探討以強化記憶的方法。因為在進行辯論的時候，辯論雙方都處於高度緊張狀態，一方面全神貫注地聽取對方的意見，同時分析其中的是非對錯；一方面主動思考，評論對方的見解，闡述自己的觀點。這種情況下，資訊輸入大腦容易留下深刻的印象。透過辯論，錯誤暴露出來，得以糾正，最後形成正確的記憶；而知識也得到了印證和應用，得到鞏固和強化。可見，辯論是一種很好的記憶方法。

減法記憶法

每次考試前，我都把以前學過的知識「想」一遍。可是由於不懂得「想」的方法，效率太低，浪費時間太多，而且每次都很累，很煩，脾氣也變得很暴躁。後來，我為了偷懶，改變了方法，由逐字逐句地去「想」改為有重點地「想」，把「想」的內容高度簡化，沒想到，現在看見一個字、一個詞，便可以迅速回憶起全部內容，大大提高效率，節省時間。

1　重點記憶

如誰（who）、何時（when）、何地（where）、什麼事

（what）、為什麼（why）、怎樣（how）。可以概括成「5W1H」記憶法。

2　數字化簡法

有的號碼數字太長，記起來很麻煩，如果化簡來記就簡單了。弄清楚帳號的規律，例如手機號碼固定 09XX-XXX-XXX，分成三小塊來記。有些特別數字還可以更加簡化，像是 314 可以直接簡化為 π。

3　主幹記憶法

讀一本書或學習一篇文章，都可以把需要記憶的重點知識當成主幹來記憶，在此基礎上添枝加葉。如歷史教科書的內容逐字背下來是很困難的，但如果先把重要的歷史事件挑出來，記入大腦中，使它們成為記憶的主幹。之後，在這些主幹上添枝加葉地記憶次要事件，這樣記憶起來就會輕鬆容易得多了。

4　內容簡化法

如中國古代史的井田制，可以簡化為：「國王所有，諸侯享用，奴隸耕作，形似『井』字。」或進一步簡化為：「王有、侯用、奴耕、井形。」

5　用化簡法記憶條約的內容

舉《辛丑條約》八國聯軍進北京以後，1901 年，清政府被迫與英、法、美、俄、德、日、意、奧等國，簽訂了喪權辱國

的《辛丑條約》。主要內容有四項：

① 清政府賠款白銀四十五億兩。可化簡為「錢」；

② 要求清政府嚴禁人民進行抗外行動，可化簡為「禁」；

③ 允許外國駐兵。可化簡為「兵」；

④ 劃分北京「使館界」，允許各國駐兵保護，可化簡為「館」。

這四項內容可化簡記作「前進賓館出新醜」。

7 轉化簡化

把複雜難以記憶的資料 A 轉換成簡單好記的 B，以 B 為起點去回憶 A 的內容，就等同把 A 記住了。

8 順序簡化

把記憶對象按原順序簡化，記憶時禿顯順序。如「王安石變法」內容：青苗法、募役法、農田水利法、方田均稅法、保甲法。可以記作：一青二募三農四方五保。

知識大多是零散的，不便於記憶。要是找出知識之間的內在連結，把它條理化，像用線把珍珠穿起來一樣，就好記多了。知識之間的連結有很多，不僅有縱向，也有橫向連結。因此，在記憶的時候，不僅要善於串珠，還要善於把知識紡織成網。讓知識「減肥」的過程，就是對知識進行提煉、簡化的過程。

第六章　提高成績，掌握更多記憶法

諧音記憶法

　　每當上國文課時，老師都會讓我們讀課文。有一次老師讓我單獨朗誦，我把一個破音字讀錯了，引起了同學們的哄堂大笑，尷尬到我想找洞鑽進去。老師見我如此，朗聲說道：「漢字同音不同義的字數不勝數，一字之差，一音之隔相差甚遠。我們在記憶文字的時候可以換個思路，變個讀音就可以豁然開朗了。」這句話給我留下了刻骨銘心的印象。

　　1　諧音法記憶人名

　　有些難記的外國人名，就可以用有意義的中文諧音去記憶。

　　2　諧音法記憶英文單字

　　如 boss 意為老闆；yellow 意為黃色的。若採用諧音的方法就很容易記，boss 諧音為「博士」，聯想成：讀完博士後當老闆。absurd 意為荒謬的，荒唐的，不合理的。若採用諧音的方法就很容易記憶，可以諧音為「餓不死的」，聯想成餓不死的，這說法是荒謬的，但卻是容易記憶的。

　　3　用諧音法記歷史年代

　　如李淵於西元 618 年建立唐朝。對此，先進行諧音變化，數字「618」變成「拿一把」，這中間的數字「6」變為「拿」，是因為數字 6 的臺語跟「拿」的國語諧音，再把建立唐朝改為「見

糖」兩個字，即看見糖果的意思。最後，把一個歷史重點化為這樣一句話：李淵見糖「拿一把」（618），就是李淵於西元 618 年建立唐朝。

4 諧音法記憶國文

諧音在語言裡的使用是相當常見的，如中文裡講的「年年有魚（餘）」，「碎碎（歲歲）平安」。《牡丹亭》是湯顯祖的代表作。我們在諧音時可以先去看這個詞中是否有具體物象，「湯顯祖」可以找到「湯」，「顯祖」又該怎麼跟「湯」聯繫起來呢？「祖」的音像「煮」，所以「湯顯祖」就變成了「湯現煮」，「牡丹亭」想成亭子周圍有很多牡丹，我們可以想：現煮的湯用來澆灌亭子周圍的牡丹，讓牡丹長得十分豔麗。這樣記憶可以取得非常好的效果。

5 諧音法記憶數學

如：絕對值不等式的解，可用諧音法記作：「大魚取兩邊，小魚取中間。」同時聯想到吃大魚只吃兩邊的肉，吃小魚掐頭去尾只吃中間。

6 諧音法記憶數字

記憶巴爾札克（Honoré de Balzac）的生卒年西元 1799 到 1850 年，可記作：巴爾札克要騎舅舅（1799），要爬屋頂（1850）。

7　諧音法記憶物理

如電功的公式 W=UIt，可用諧音法記作：「大不了，又挨踢。」同樣道理，電流強度公式 I=Q/t，可記作「愛神丘比特」。記憶電流、電壓表連接方式。電流表要串聯在電路中，電壓表要並聯在電路裡，為了防止記錯，可記作「流串」加以差別，即電流表要串聯；相反，電壓表要並聯。

8　諧音法記憶生物知識

如原核生物的種類：藍綠菌、細菌、放線菌、支原體（黴漿菌）、衣原體等。可提取關鍵字「藍」、「細」、「線」、「支」、「衣」、「原」這幾個字既可以直接想成「藍細線織（支）衣，織好放圓（原）盒裡」；也可以調換字的順序，變成「一（衣）籃子（藍支）細線裝滿了一圓（原）盒」。

9　諧音法記憶通訊號碼

電話號碼也可以使用諧音來記憶。

10　諧音法記憶化學

物質溶解於水，通常經過兩個過程：一種是溶質分子（或離子）的擴散過程，這種過程為物理過程，需要吸收熱量；另一種是溶質分子（或離子）和水分子作用，形成水合分子（或水合離子）的過程，這種過程是化學過程，釋出熱量。可用諧音記作「無錫花傘」，即「物吸化散」。

11　諧音法記憶地理知識

如長江的長度六千三百公里，可用諧音法記作：「溜山洞洞。」

許多學習資料很難記憶，在它們之間不易找出有意義的聯繫。如歷史年代、統計數字等等。在記憶的過程中，我們可以把這些零散的、枯燥的、無意義的記憶對象進行諧音處理，形成新奇有趣、富有意義的語句，這樣就便於大腦儲存，易於回憶了。當然，諧音記憶法只適合幫助我們記憶一些抽象、難記的資料，並不能常用，或用於記憶所有的資料。

位置記憶法

記得有一次期中考試，有一道題目是老師在課堂上講過的，我卻記不清楚，著急得不得了，頻頻抓耳撓腮。無論我怎樣絞盡腦汁地想，就是想不起來老師當時是怎麼講的。只好空在那裡，為此浪費了十五分，心裡很難過。待考試結束後，我不經意地走到了那天上課時我坐過的位置，一下子就想起了老師當時講授的場景，腦海中立刻浮現出老師當時的解題過程。

1　記憶英文單字、數字

將所需要記憶的資料放在特定的位置，並加之動感、色彩、空間感覺、誇張、誇大、反邏輯的想像和強烈的感受，這

樣容易記憶，不容易忘記。

2　隨時抽取資料

在使用位置記憶法的時候，我們可以隨時抽取所需要的資料，無論是順背、倒背還是抽背都簡單易行。

3　根據需要創造空間

如果記憶的資料比較多，我們可以創造大一些的空間；反之，記憶的資料比較少，可以創造小一點的空間。在圈定所有資料的位置後，可以隨時進行練習，簡單、方便、易行。

位置記憶法是一種傳統的記憶術。這種技術在古代不用講稿的講演中曾被廣泛使用，而且沿用至今。它主要是把我們想要記住的東西放在我們日常所熟悉事物的位置上去進行記憶，如身體、書桌等，這樣就能方便我們去記憶日常所需的資料。使用位置記憶法，就是學習者在熟悉的場景中確定一條路線，在這條路線上確定特定的點。然後將所要記的資料全都視覺化，並按順序和這條路線上的各個點連結起來。回憶時，按這條路線上的各個點提取所記的資料。

卡片記憶法

唉！筆記沒少記，有厚厚的好幾本，可是要記的時候，卻因為記的內容太多，一時找不出來，而且即使快速找到，內容

太多也感覺頭昏腦脹。有一天我在公車上，無意中聽到一個高三的大哥哥這樣說：「將筆記化整為零，使用卡片來代替，既便於攜帶，方便使用，又有助於記憶。」回家以後，我試著做了一些卡片，使用一段時間後，記憶效果果然不錯。

1　製作卡片

卡片的尺寸能夠放進口袋的硬紙卡片，並在卡片的左上角寫清分類編碼，可以分科編寫，如國文、數學、英文等，以便需要時查找。

2　兩面寫字

選取卡片用紙時，一定要能兩面寫字。這樣可以增大記錄的資訊量。如正面 —— 喜瑪拉雅山，反面 —— 世界最高的山，8,848 公尺。

3　卡片要硬、厚、耐磨

因為卡片的使用頻率較高，需要經常翻看，容易破爛。所以，一定要耐用。

4　選用不易褪色的筆記錄

在卡片上記錄內容時最好選擇不易褪色的顏色，不然，時間久了，就會看不清楚。而且所記錄的內容要盡量簡潔，版面有限。

5　分類整理

卡片做好後，一定要分類整理，放進事先準備好的抽屜或儲物櫃、整理箱裡，方便使用。

6　分類存放

分不同門類存放，才能便於記憶和查考，如果隨手亂放，則猶如大海撈針無處可覓。

7　定期複讀

每隔一段時間，複讀卡片一次，加強記憶。複讀時，既要溫故又要知新，要有新的增刪，作必要的補充。

利用卡片記憶是把要記憶的資料抄在卡片上，隨時拿出來複習記憶。一張張卡片猶如記憶的倉庫，對增強記憶是一種很好的方法。卡片具有準確、穩定和持久的特點。所以，一定要養成定期整理卡片的習慣，如按照性質或需要，把卡片編上記號和頁碼，分類擺放在一起。這樣，一方面方便查找使用，一方面還可以在整理的過程中使自己平時分散、零碎的知識變得系統，有條理，增強記憶的效果。

「順口溜」記憶法

眾所周知，記憶方法有很多種，但是，並不是每一種方法都適合你。這時，就需要你選擇適合自己的、能提升記憶力的

方法，那才是好的記憶方法。對大部分人來說，生動有趣的記憶方法更輕鬆。它讓讀書不再枯燥，能讓記憶更輕鬆靈活。「順口溜」記憶方法就是其中之一。

1 「順口溜」記憶國文

如用順口溜的方法記憶句子成分及用法：句子中心主謂賓，主賓前面可有定，狀語放在謂語前，謂後補語做補充。再如形近字：戌、戍、戊、戎。編成「順口溜」為「橫戌點戍戊中空，十字交叉讀作戎」，易於記憶。可以用「名動形、數量代、副介連助嘆擬聲」的順口溜來記住實詞、虛詞；可以用「副詞放在動形前，介詞落在名代前」的順口溜來記住副詞與介詞的差別；可以用「嘆詞在句首，語助在句尾」的順口溜來記住嘆詞與語氣助詞的差別；可以用「定語必在主賓前，謂前狀語謂後補；『的』前定、『地』前狀，『得』字後面是補語」的順口溜來記住句子成分的劃分方法。

2 「順口溜」記憶數學

如記憶有理數的加法運算規則：同號相加一邊倒，異號相加「大」減「小」，符號跟著大的跑，絕對值相等「零」正好。（「大」減「小」是指絕對值的大小。）記憶有關合併同類項的數學規則：合併同類項，法則不能忘，只求係數和，字母、指數不變樣等。

3　「順口溜」記憶英文

比如關於 be 的用法，我們可以編出這樣的順口溜：「我用 am，你用 are，is 連著他她它；單數名詞用 is，複數名詞全用 are。」、「變疑問，往前提，句末問號莫丟棄。變否定，更容易，be 後 not 莫忘記。疑問否定任你變，句首大寫莫遲疑。」

4　「順口溜」記憶歷史

比如歷代順序：三皇五帝夏商周，春秋秦漢三國休，兩晉南北隋唐繼，五代宋元明清民。這樣就能輕鬆把中國歷代的名稱記下來了。再如關於「歷代農民起義」。

陳勝吳廣揭竿起，劉邦項羽誅暴秦。

綠林赤眉滅新莽，黃巾起義反東漢。

隋煬帝，施暴政，群雄聚義在瓦崗。

黃巢起兵為百姓，衝天香陣透長安。

元末義軍裹紅巾，改朝換代朱元璋。

李自成，進北京，崇禎吊死萬歲山。

洪楊率領太平軍，攻占南京作天京。

堅持反清十四年，中外敵人夢魂驚。

5　「順口溜」記憶地理

如「二十四節氣歌」：

春雨驚春清穀天，夏滿芒夏暑相連；

秋處露秋寒霜降，冬雪雪冬小大寒；

上半年來六廿一，下半年是八廿三；

每月兩節不變更，最多相差一兩天。

6 「順口溜」記憶物理

如靜電場中有關電場強度、電場力、電力線以及電場力做功與電能變化的關係，電勢大小與電力線的關係，可歸納成這樣的口訣：電場力的方向，正電荷與場強向，負電荷與場強反向。電場力作正功，電勢能減少，電場力作負功（克服電場力做功），電勢能增加。電力線方向永遠是電勢降落方向。

7 「順口溜」記憶化學

如關於空氣的組成，可以這麼記：空氣組成別忘記，主要分成氮氧氣，氮 78，氧 21，0.94 是惰氣，還有兩個 0.3，二氧化碳和其他。再如，關於原子的組成，可以這樣記憶：原子空洞洞，核小卻很重；帶著正電荷，位置在當中；質子和中子，核裡來相逢；電子繞核轉，電子層形容。

9 「順口溜」記憶標點符號

一句話說完，畫個小圓圈（。）

句中有停頓，小圓點帶尖（，）

並列詞句間，點個瓜子點（、）

並列分句間，逗點頂圓點（；）

引用原話前，上下兩圓點（：）

疑惑或發問，耳朵墜耳環（？）

命令或感嘆，滴水下屋簷（！）

文中要注解，月牙分兩邊（（））

轉折或注解，直線寫後面（——）

意思說不完，點點緊相連（……）

10　「順口溜」記憶生物

如記憶食物的消化與吸收方面的知識，可以這樣編成順口溜來記：澱粉消化始口腔，唾液腸胰葡萄糖；蛋白消化從胃始，胃胰腸液變胺基；脂肪消化在小腸，膽汁乳化先幫忙；顆粒混進胰和腸，化成甘油脂肪酸；口腔食道不吸收，胃喝酒水是少量；小腸吸收六營養，水無維生進大腸等。

把記憶對象編成順口溜來記憶，可以縮小記憶資料的數量，把記憶資料分組來記憶，增加資訊濃度與趣味性，不但可以減輕大腦負擔，而且記得牢，避免遺漏。不過，採用編順口溜記憶的辦法，編的順口溜不在於有多優美，只要自己懂得，能夠記住目的就可以了。如多使用聯想，盡量將生僻的內容聯想成常見易記的內容。也可以將抽象的內容轉換為具體的內容，還可以使用諧音、押韻變換成容易記憶的順口溜形式。

歸納記憶法

我們每天都會接觸大量的資訊，想要完全記住，真不是一件容易的事情。選擇把所學的知識進行分門別類的歸納記憶，效果還不錯。

1 歸納記憶步驟

先找出記憶資料的共同點，然後進行歸類。再記憶類別，最後記憶內容。這樣條理清晰更容易輕鬆地記憶，且不容易忘記或遺漏。

2 按題材歸納

如把名詞分為生活用品、動物、植物、水果、食物、家庭成員、人體各部位、讀書用具、學科、交通工具、地方場所、星期、月分、季節等，把動詞分為繫動詞、助動詞、行為運動詞和情態動詞等等。具體拿英文來說：

可以按同音詞分類，如：see-sea / right-write / meet-meat。

可以按形近詞分類，如：three-there / four-your / quite-quiet。

可以按同義詞分類，如：big-large / hard-difficult / begin-start。

可以按反義詞分類，如：right-wrong / young-old / come-go。

可以按讀音來分類，如：字母組合 ea 在 eat，meat，teacher 中讀 [i]；而在 bread，ready，heavy 中讀 [e]；在 great，break 中讀 [ei]。這樣不僅單字記住了，而且讀音也掌握了。

3　用歸納法記憶化學

如催化劑的性質，可歸納為：「一變兩不變。」

- · 用歸納法記憶歷史上的世界之最
- · 古書上關於夏朝時流星雨和日食的記載是世界天文史上最早的紀錄。世界上關於哈雷彗星的最早紀錄為西元前613 年 7 月。
- · 世界上最早的天文學著作 —— 戰國時期的《甘石星經》。
- · 世界上第一個嘗試測量子午線長度的人 —— 唐代僧一行。
- · 世界上最早的指南儀器 —— 戰國時期的「司南」，北宋時期指南針應用於航海。
- · 世界上最早的地震儀 —— 東漢張衡發明的地動儀，造於 132 年。
- · 世界上最早發明紙的國家。大約始於西漢初，東漢時期蔡倫又改進了造紙技術。
- · 印刷術的發明者 —— 北宋的畢昇。
- · 世界上最早的紙幣 —— 北宋前期出現的交子。
- · 世界上最早的火藥武器 —— 火箭；現存最早的金屬火器 —— 西夏銅火炮；南宋時發明管形火器；元朝，大型金屬管形火器「火銃」在軍事上很受重視。
- · 世界上發現的最大青銅器 —— 商朝後期製造的司母戊大方鼎。

· 世界上製造漆器最早的國家 —— 中國，戰國時漆器已很精美。

著名心理學家說：「在人的記憶活動中，對資料的分類分組是一個很重要的步驟。人的經驗是分類保存的，喚起過去的經驗（回憶）也要借助於經驗。」這裡講的「分類保存」，就是記憶同類事物的腦細胞間建立暫時的神經聯繫。因此，雜亂無章、任意放置的東西，記憶之前，必須先分類整理。雖然，分類時也要花一點時間，但這些前置作業所花的時間與記沒有規律、雜亂無章的事物所需花費的時間相較，仍然少得多，而且正確率更高。所以，一定要注意運用歸納法來記憶。

「五到」記憶法

最近一段時間也不知道是怎麼了，每每聽課時，總是感覺老師所講的內容聽得很明白，而且都記住了。但是，等到做練習題的時候，那些老師在課堂上講了不止一遍的公式、定理、語法等等知識，卻怎麼也想不起來。眼看就要考試了，這可怎麼辦呀？媽媽見我如此，問明原因後，告訴我要記憶外部資訊，必先接受這些資訊，而接受資訊的「通道」不止一條，有視覺、聽覺、動覺、觸覺等等。有多種感官參與的記憶比單種記憶方法要好。

第六章　提高成績，掌握更多記憶法

1　心到

所謂心到，就是要聚精會神，全神貫注，運用思考綜合能力。專心致志是聽課的基本要求，而且只有用「心」思考，才能把聽到、看到、讀到、寫到的感性感受，加以融會貫通，轉變為理性知識。聽課堅持心到，久而久之，思維能力、表達能力和記憶能力都會提高。

2　耳到

上課是聽老師講，所以「耳到」顯得尤為重要。只有集中注意力聽講，才能把聽到的資訊傳輸到大腦進行整理加工，進而有效地掌握知識。

3　眼到

觀察是人們獲取資訊的主要管道，人的資訊絕大部分是經由眼睛獲取的。上課聽到老師所講授的知識，還需要用眼看板書，這樣形成的印象深刻，記憶長久。

4　口到

在課堂上，眼到以後，緊接著最好的方法是連續讀幾遍，再熟悉其發音、節奏，朗讀起來感覺流暢，理解記憶起來就不再會感覺生疏。

5　手到

俗話說「眼過千遍不如手過一遍」，聽課需要借助於手寫來

幫助理解記憶，堅持手到能提高學習效果。如記單字，在聽得準確、看得清楚、念得標準的基礎上，可以透過書寫幫助理解記憶，這樣印象會更深刻。

科學研究證明：記憶資訊有 85% 來自視覺，11% 來自聽覺，4% 靠觸覺和嗅覺。單憑視覺單位時間內接受的資訊量是聽覺的一倍，而視覺、聽覺結合起來獲得的資訊量則是聽覺的十倍。從古到今，學者們都高度重視眼看、耳聽、口唸、手寫、腦思等多種感官合作的記憶方法。宋代的大儒朱熹曾提倡「三到」讀書法：「讀書有三到，謂心到、眼到、口到。心不在此，則眼看不仔細，心眼既不專一，卻只漫朗誦讀，絕不能記，記亦不能久也。三到之中：心到最急，心既到矣，眼、口豈不到乎？」這個方法被後代的許多文人認證有效，為什麼呢？這就是「感官合作」的作用。學習其他比較複雜的知識時，還可以用這個方法：將學到的知識，複述一遍，看自己能否聽懂自己所說的，如果能，說明自己真正理解了；如果表述不清楚，就說明自己還沒有真正理解，而且表述的過程可以清理自己的思路想法，加深對知識的理解，增強記憶的效果。

改錯記憶法

每次考完試，我都懷著忐忑不安的心情等著老師改考卷。

第六章　提高成績，掌握更多記憶法

兩天後，當老師把考卷發下來後，我總是迫不及待地看一眼考卷上的分數，如果是高分就一笑置之，反之就一丟了事。對考卷上的錯誤從來是不管不問，這種不負責任的態度，讓我一錯再錯，最後我決定改正。

1　重視錯誤

愛迪生（Thomas Alva Edison）說：「失敗也是我需要的，它和成功一樣對我有價值，只有在我知道一切做不好的方法以後，我才能知道做好一件工作的方法是什麼。」只有正確地面對錯誤，才有改正的可能。錯誤在想法上引起的動靜越大，留在大腦中的印象就越深。

2　知錯必改，改必及時

改正一個錯誤的記憶，要比記憶一條新資料困難得多。所以，記憶上的誤差一經發現，必須改正，改正得越迅速、越徹底越好。

3　別人失誤，引以為戒

「前車之覆，後車之鑑」，別人走的彎路自己大可不必走一遭。讀書時，多畫幾個問號，檢查書中的觀點、論證、遣詞造句是否有問題；課堂上，同學們答錯了老師的提問，自己可以暗自糾正，再仔細聽老師講課。照此處理，不但能增加知識的準確性，而且能使知識更牢固地扎根於頭腦之中。

　　「不經一事，不長一智」，錯誤所造成的記憶印象是深刻的，有的甚至終身難忘。錯誤本身不值得記憶，但是由於產生了錯誤，反而對正確的內容產生了深刻的印象。改錯有三種情形：一是改正自己的記憶錯誤或行為；二是改正他人不自覺的、根深蒂固的記憶錯誤或行為；三是改正他人故意設置的記憶錯誤或行為。改錯記憶法要求經過認真的分析和思考，深挖致錯的根源，這樣才能加深對正確知識的理解和記憶。改錯需要及時，既可改自己之錯，又可改他人之錯，做到「錯一遍，精一遍」。

分段記憶法

　　記憶的內容有長有短。一般來說，對於較短的內容，我記憶起來很輕鬆，而對於那些較長的內容記憶起來就相當困難。有鑑於此，每當遇到較長的記憶內容時，我就把它分層、分段進行記憶，效果很理想。

1　逐漸增多背誦的段落數

　　在背書的時候，可以一次先背一段，等背過後背給別人聽，然後接著背第二段。背過後，把前兩段一起背給別人聽。等兩段都背過後，再背第三段，接著把三段一次背給別人聽。依此類推，不但記住了下一段的內容，之前背過的內容還得到

了加強複習。再加上有他人的監督，不用多長時間，就會把一整篇課文背過。

2　合理安排

分段記憶不必完全按照課本上劃分的段落。因為有的段落可能只是一句話，這時就可以把這一段和下一段合在一起記憶，一次性記憶兩段話。有的段落比較長時，可以多花費一些時間記憶。

「分段記憶」是將系統、完整而又較長的內容劃分為若干部分或段落，然後每次記憶一部分，直至完畢再倒回去複習前次內容的方法。也就是把要記憶的資料分成幾部分集中記憶的方法。這種方法適合於記憶比較長、比較多的內容。即把學習的資料分為多個段落，記熟了一段後，再去記另一段。分段背，不急於一下子面對整篇課文，而是先看第一段有幾句話，再把幾句話分成幾個層次，一層層地背，很快便攻下了第一段。接下來的段落也是這樣，先看全段有幾句，再按意義分三或四層，一層層地背，又很快背了下來。這樣分段推進、步步為營，心情越來越好，背得也會越來越快。採用「分段記憶法」的好處是：化整為零，增強記憶的信心，化難為易，在記住一段時間後會獲得成功的喜悅，啟動記憶的開關。可見，這是一種高效率記憶的方法。

第七章
科目記憶有方法

　　記憶在人們的讀書、工作和生活中是不可缺少的，因為知識和經驗的累積及運用都要靠記憶。不管哪門學科，其實都離不開記憶，記住「重點」是非常重要的。如物理要記住概念、定理、公式才能進行分析和探究；國文要記住文字的形、音、義，才能會話和寫作……但是，良好的記憶力並不是先天的，而是運用恰當的方法在實踐過程中訓練出來的。

如何記憶國文知識

不知道你們是否和我有一樣的感受：國文的重點比較零散，除了各種形、音、詞、句等基礎知識需要記憶外，還有詩歌、散文、文言文等，常常讓我覺得無處下手。後來老師指點說，國文科記憶的關鍵還是要靠語言的累積，靠平時生活中一點一滴地應用，靠自己對語言的領悟能力等。

1　讀書看報

一般來說，讀書看報確實能快捷有效地累積知識，能在潛移默化中提高閱讀能力和語言的綜合能力。可見，閱讀能力強，國文程度自然也就提高了。

2　「三抓」記憶法

「三抓」就是抓頭字、頭句、過渡句。抓住這些字和句，就像抓住一串珍珠的絲線，能抓出一串句子，能使人在記憶時把語句迅速連貫起來；抓住過渡句，能使人迅速地由上段接著背下段。

3　巧記作品

如莎士比亞的四大悲劇《哈姆雷特》、《羅密歐與茱麗葉》、《李爾王》、《馬克白》，就可以用「哈囉，李白」這句話來加以概括，一個字代表一部劇。記起「哈」字，就會想起《哈姆雷特》；

記起「囉」字，就會想起《羅密歐與茱麗葉》；記起「李」字，就會想起《李爾王》；記起「白」字，就會想起《馬克白》。

4 理解記憶法

在理解的基礎上記憶。理解得越深，越容易記憶。如背誦一篇或一段文章時，首先要通讀全文，弄清文章的主旨，然後了解文章的層次，來龍去脈，掌握文章的語言特點，抓住一些起關聯作用的詞語和句子，先分析、後綜合，這樣記憶起來就快得多了。

5 利用字典

平常讀書時我們可以準備一個專門的筆記本，養成勤查字典、辭典的習慣，將一些易錯字詞、生僻字詞記錄下來，利用課餘時間多讀多記，慢慢累積，養成習慣，在自然而然的狀況下掌握它們。

6 複習詞語

詞語，特別是成語題目的解答往往更依靠語感，而非對成語意義的準確掌握。因此在複習成語時不必準備詳細而周全的紀錄本，而要依靠平時的累積與不斷做題形成的題感。

7 壓縮法記憶作文素材

如這幾個詞：「獵人」、「口技」、「雞叫」、「虎吃人」。

寫作的時候就是：一個沒有技術的獵人，他總想借口技獲

第七章　科目記憶有方法

得獵物，也往往如願以償。一天，他又去打獵，憑幾聲雞叫，騙來了狐狸，狐狸又引來了狼，惡狼、狡狐相見，分外眼紅，就相互打鬥起來。沒多久，狐狸就被咬得奄奄一息。獵人一聲虎吼，嚇走了狼。正當他去撿戰利品時，不料虎吼聲引來了真的老虎，獵人命喪虎口。

8　分層記憶法

在掌握詩文脈絡、層次、輪廓的基礎上進行記憶的一種方法。記憶時先按原本段落，每一段分出幾個層次，先分析每一層次的意思，然後圍繞每一層次的主要內容進行記憶，一個層次一個層次地背。

9　提綱挈領法

古人云：「舉一綱而萬目張。」文章的「綱」便是文章的脈絡，而文章的脈絡又展現出作者的寫作思路。所以，背誦課文時，一定要根據作者的寫作思路和行文順序順藤摸瓜，由句到段，由段到篇，前勾後連，上遞下接，環環相扣，連綿不斷。這樣不但背得快，而且記得牢。

11　反覆背誦

為了使背誦的課文長期不忘，可採用這樣的方法：即早自習時重背昨天課堂上背過的內容，這是第一次反覆；第二次反覆是每個單元結束後；緊接著把上個單元已完成的課文再重複

背誦一次，這是第三次反覆；第四次和第五次反覆，主要是結合期中、期末的複習進行。

　　學好國文首先要熟記課文。讀熟背熟課本，不僅累積了優美詞語和段落，還掌握了一些文章的寫作方法。讀書的過程就是能力轉化的過程，一學期下來，學生的語言表達和習作能力都有了不同程度的提高。

如何記憶數學知識

　　在學數學時，很多時候，我會為了一道題目的答案百思不得其解。因為在整個解題的過程中，步驟沒有錯誤，但結論就是不對，使得自己在焦頭爛額中灰心喪氣，真想丟在一邊不理不睬，但是這樣又不可以。所以，只能花費大量的時間進行檢驗，原來是數學法則沒有記清楚。

1　要領抄寫法

　　為了在抄寫過程中強化自己對概念的熟悉，再嘗試「自己證明」。這樣，可以進一步增強自己對自己的信任，有利於在解題中的應用。同時自己在證明的過程中還會發現一些問題，對課本上的內容有自己的體會，這有助於對問題的理解和記憶。

2　歌訣記憶法

　　如對數涵數性質歌，底的對數等於一，一的對數等於零；

第七章　科目記憶有方法

零和負數無對數，同底對數真數等；倘若底數大於一，真數大來對數增；若底介於零和一，真數小來對數增。再如求根號歌訣。求根號有兩個，互為相反准沒錯，正的叫做算術根，零都得零別放過，一個正數開根號，反用乘法九九表，查表方法要熟練，小數點位置別弄錯。

3　系統記憶法

把學過的知識分門別類地加以整理，使之系統化。如數學這門學科是由許多概念、公式、定理等組成的知識系統，有較嚴密的知識結構。當學到一定階段時，要把知識加以整理，把前後左右聯繫起來，構成一個小系統，使自己牢固掌握這些知識，易於聯想，靈活運用。如在講圓形、扇形、弓形面積時，可以根據知識的系統性，把知識穿成串，讓我們能一記一串。

4　推理記憶法

許多數學知識之間邏輯關係比較明顯，要記住這些知識，只需記憶一個，而其餘可利用推理得到，這種記憶稱為推理記憶。如平行四邊形的性質，我們只要記住它的定義，由定義推得它的任一對角線把它平分成兩個全等三角形，繼而又推得它的對邊相等，對角相等，相鄰角互補，兩條對角線互相平分等性質。

5 提綱網絡法

我們知道,知識之間的聯繫是各式各樣的,不僅有縱向的聯繫,還有橫向的聯繫,因此在記憶的時候,不僅要善於穿珍珠,還要養成把知識編織成網。「提綱網路」就像「打魚」一樣。「綱」就是漁網上的總繩,「絡」就是漁網上的網眼,無論撒網或收網都必須抓住「綱」這根總繩。雖然「網路」是由千絲萬縷編成的,但彼此之間的聯繫卻是井然有序的。所以「提綱網路法」就是以此為比喻的,也就是說:「緊緊抓住主要的,帶動次要的,並且使各部分保持有機的聯繫,從而提高記憶效果。」

6 標示記憶法

在學習某一章節知識時,先看一遍,對於重要部分用彩色的筆在下面畫記號,再記憶時,就不需要將整個章節的內容從頭到尾逐字逐句看了,只要看畫重點的地方並在它的啟示下就能記住本章節主要內容。

7 理解記憶法

如速度公式 $S=VT$,對這個公式的記憶,如果我們理解了公式中每個字母代表的意義,那麼記起來也就會變得容易多了。先弄清楚 S、V、T 的意義,以及它們之間的關係,即 S 代表距離,V 代表速度,T 代表時間,距離等於速度乘以時間,從而記 $S=VT$ 這個公式就容易多了。

第七章　科目記憶有方法

8　用好工具書

工具書有很多種，如辭典、題庫等，這些工具書都可以成為同學們的好幫手、好老師。它們不僅知識涵蓋範圍廣，包羅萬象，而且使用方便，不受限制。

9　考卷很重要

每次考試結束後，任課教師都會對考卷進行詳細的講解，並會對考卷上出現的易錯點、難點、重點進行劃分，提醒學生多加注意。所以，考卷上的題目，也很具代表性。因此，把考卷上的題重做一遍，可以進一步加深對基礎知識的理解與運用。

10　解題心得不可少

每次你做完一道題的時候，你可以在後面寫上自己的解題心得。如這道題有什麼特點，你是根據什麼公式、概念而解答的，易錯點在哪裡……經由這樣的總結，日積月累，你就有了自己的解題「題庫」，以後解同類題目就有法可依了。

11　知其一點，而知其類

在解題過程中，要能經由一道題的解答，而知道一類題的解答方法。這一點有很大的難度，需要認真思考、平時累積。因此，平時在聽老師講課的時候，或是遇到難題請教老師、同學的時候，多注意他們的解題思路，看看他們在解題時是怎麼想的，為什麼要這樣想。要多注意解題方法，而不僅僅是一道

題的答案。

數學中的概念、原理、公式、例題,這些看似很簡單、很抽象的東西,構成了學習數學最根本的東西。根基不牢固,學好數學是不可能的。因此,正確記憶和理解數學概念是掌握數學基礎知識的前提,對於概念、公式、定理,要知其然更知其所以然,即它是如何推理出來的,可以用來證明什麼,與其他概念、公式、定理有何聯繫等等。要運用歸類法進行記憶。因為,只有記住了才能談得上運用。所以,數學的學習,既不要以為概念很抽象、不易理解,就乾脆把它放掉;也不要以為它很容易懂,而不去深入理解。

記單字的「金點子」

剛開始接觸英文的時候,我根本聽不懂英文老師在講什麼,記不住。只能把老師說的英文用中文代替。如:

Yes —— 爺死

Nice —— 奶死

Bus —— 爸死

Mouth —— 媽死

girls —— 哥死

miss —— 妹死

第七章　科目記憶有方法

was —— 我死

guess —— 該死

cheese —— 氣死

does —— 都死

school —— 死光

⋯⋯

這雖然是我上小學時的事情。然而，對於英文基礎不佳的我來說，上了國中還會這樣做。但這種方法並不可取，記憶效果也不理想。一次偶然的機會，我聽說單字可以這樣記憶。

1　單字分類記憶法

把單字進行分類，如植物、食物、家具、電器、代詞、形容詞等。

2　要及時複習

記住了的單字，過段時間不看就忘記了，所以每隔一段時間要進行複習。這裡有三個關鍵：一是複習的時間必須選擇在沒有遺忘之前；二是複習的時間間隔選得合理；三是一次記憶的單字量要適當，特別是不能過少。如果早上記一定數量的單字，早飯後花兩分鐘瀏覽一遍，晚上睡前再看幾遍，一星期來一次小複習，一個月來一次大複習。這樣，就能牢固記憶所有的單字。

3 整體記憶法

把幾個字母看作一個整體來記。如「ow」加上不同的字母，可組成「how / cow / low / now / town / down / know」等。「ight」在前面加上不同的字母，可組成 eight / light / right / fight / night 等。

4 感官記憶

記單字時，盡可能地用多個感官，耳聽、嘴讀、手寫、眼看、心記等。

5 卡片記憶

自製單字卡片隨身帶著，有空就拿出來讀一讀，記一記單字。

6 睡眠記憶

晚上睡前讀兩遍要記的單字，然後睡覺。第二天醒來後再讀兩遍，這樣記憶效果不錯。

7 聯想記憶法

比如 eye，可以認為這個單字中的兩個 e 就是兩個眼睛，y 就像一個鼻子；Tree，把 tr 看成樹幹和樹枝，把 ee 看成樹葉；Banana，把 a 看成一個個的香蕉；Bird，把 b 和 d 看成兩個翅膀等等。

此外還有拼寫聯想，即將拼寫類似的單字一起記憶。如：

could / would / should；book / look / cook；boy / toy 等。

意義聯想，即從詞義方面聯想到與其有關聯的詞。如想到同義詞：table 和 desk；想到反義詞：tall 和 short；想到同類詞：ship 和 bus、car、bike、plane、train 等。

聯想的建立就如同是為記憶提供更多的線索，線索越多，記住這個詞就越容易，提取這個詞也就越順利。

8　間接釋義法

就是首先從某一具體詞彙中間找出一個詞，然後對該詞添加字根的關係予以解釋，從而強化記憶，擴展詞彙量。

confiscate 沒收；充公

con- 表示「共同」

-ate 動詞或形容詞尾碼

fisc 國庫

把一切都收歸國庫所有，其含義便是「沒收；歸公」

pandemonium 魔窟；騷動；混亂；嘈雜

pan- 表示「泛」

-ium 表示「……地點」

demon 魔鬼

魔鬼聚居的地方，其含義便是「魔窟；騷動；混亂；嘈雜；烏煙瘴氣；亂七八糟；無法無天」。

我們從小就開始背單字，一直背到長大。花了十多年的時間背單字，「記不住單字」還是困擾著我們的日常讀書生活。難道記單字真的這麼難嗎？其實不然，下面就告訴你一套實用的記憶單字的方法。首先發音要准。發音準而響亮，可以讓單字發音深印腦海。其次要善於觀察分析。看到單字時對其音形義觀察分析，找到結合點而聯想記憶。再來要選擇合適的方法。如詞中詞法，「football」中的「foot」和「ball」，「afternoon」中的「after」和「noon」，這些都是大家比較熟悉的合成詞。最後要及時複習。任何人採用任何方法學習單字都必須複習，艾賓豪斯遺忘曲線告訴我們，複習時要遵循先密後疏的規律，也就是說在第一次複習在二十分鐘後，第二次複習一小時後，第三次複習十二小時後，第四次複習一天後，第五次複習兩天後，第六次複習一週後，第七次複習一個月後。這樣長期堅持下去，英文程度會得到顯著的提升。

如何記憶物理知識

老師告訴我們說，學習物理時，對於有關的基本概念、原理、定律等必須牢記，才能遷移知識、應用知識、提高分析、解決物理問題的能力。可是我就是不知道怎樣記，常常是記住了這個又忘記了那個，我要怎樣才能把物理學得好記得牢呢？

第七章　科目記憶有方法

1　擴散思考記憶法

從某條物理規律出發，找出多種規律的表述。這是掌握技能技巧的重要方法。如從歐姆定律以及串並聯電路的特點出發，推出如下結論：串聯電路的總電阻大於任何一個分電阻，並聯電路的總電阻小於任何一個分電阻；串聯電路中，阻值大的電阻兩端的電壓大，阻值小的電阻兩端的電壓小；並聯電路中，阻值大的電阻通過的電流小，阻值小的電阻通過的電流大。

2　記憶老師的思考方式

一定要注意聽老師的思考方式，跟隨老師的方式聽、記，將老師的思路逐漸變成自己的，再學以致用，對物理知識的理解大有助益。

3　意義理解法

如 $I=Q/t$ 是定義式，而 $I=U/R$ 是決定式，也是量度式；$\rho=M/V$ 是定義式，卻不是決定式；決定物質密度大小的是物質本身性質決定的，而不是由具有數學表達形式的物理公式來決定。

4　內涵與外延

不能將物理概念任意外推，如果這樣就會導致概念與事實不相容的矛盾。

5 概念法

有些公式從理解概念和掌握原理出發加以記憶，印象深刻。如關於液壓機有關壓力和壓強的計算公式，可以這樣理解記憶，因為液壓機是利用帕斯卡定律（Pascal's principle）運作的，外加壓強由密閉液體直接傳遞，所以 $P1=P2$，而 $P=F/S$，故 $F1/S1=F2/S2$。這樣，此公式的比例關係就不易弄錯。

6 聯繫實例理解概念

抽象的物理概念理解起來是有困難的。但是，如果把概念放在實例中去理解記憶就簡單得多。如「蒸發」概念，對水在任何溫度下都能蒸發，且需要吸熱，就能夠很快地對「蒸發」的概念理解透徹，清楚記憶。

記憶是學習物理的基礎，也是物理知識的儲存庫。因此，培養學生記憶物理知識的能力非常重要。相對於生動、豐富的文科知識來說，物理概念由於語言抽象、邏輯嚴謹等特點，卻並不是那麼容易記憶和理解的。而且這門學科中的基本概念又非常多。一個物理概念，是某類型物理現象的概括，是物理知識的核心內容之一。所以，要想學好物理，首先就要將這些知識融會貫通、充分掌握；其次，物理記憶應該突出重點，在記住具體知識的前提下，把分散的物理知識系統化，形成合理的物理知識結構。結構化的物理知識具有簡化資訊，增強知識

的實用性和產生新的命題的功能。這種對物理知識的加工和整理，是對記憶的簡化和昇華。

如何記憶化學知識

在中學化學的學習過程中，我遇到了阻力，學習起來是相當地痛苦。如元素符號等化學用語，元素及其化合物的基本知識，化學基本理論及其計算、實驗等，太多太難記，記住後也容易忘記，要如何才能提高記憶效率呢？

1 衍射記憶

經由聯想將各重點串聯起來記憶。如說到鐵，你要能想到氧，然後是氧化鐵，然後就想到了鐵礦石（氧化鐵、過氧化鐵、四氧化三鐵等），然後想到了 HCl，想到了 $FeCl_3$ 然後它是什麼顏色的等等。

2 猜謎記憶法

猜謎記憶法就是把一些化學知識編成富有知識性、趣味性、生動形象幽默的謎語進行記憶。如記憶一氧化碳性質的謎語是：「左側月兒彎，右側月兒圓，彎月能取暖，圓月能助燃，有毒無色味，還原又可燃。」

3 縮略式

如在學習「氧化 —— 還原」反應時，釐清電子得失與「氧

化 —— 還原」的關係，並判斷哪種物質是氧化劑、哪種物質是還原劑是很重要的。我們可記住這樣的縮略結構：「失 ——氧 —— 還」。它的意思是「失電子的物質 —— 氧化了 —— 該物質是還原劑」，這是「提示縮略」的例子。「失」、「氧」、「還」這三個關鍵性的字眼，即可引起我們對整個意思的聯想，有提示功能。

4 加深理解，增強記憶

化學的概念、理論，涉及到微觀粒子的結構、組成，運動和變化，它是抽象而難於理解的。所以，要想記憶清楚，就一定要先理解。因為只有理解了的東西，才有較深刻的記憶。

5 歸納記憶

把知識按照一定的規律進行聯想、組合或分塊，可增強枯燥記憶的有趣程度和效果。如常見易液化氣體有 HF，NH_3，C_{12}，CO_2 等；通入過量 CO_2 氣體仍有渾濁現象的有 $NaAlO_2$ 溶液，C_6H_5ONa 溶液，$NaCO_3$ 飽和溶液等。

6 分析對比，綜合歸納，簡化記憶

如硝酸的化學性質。透過已學過的有關鹽酸，稀硫酸的化學性質跟硝酸的化學性質進行比較。硝酸跟硫酸、鹽酸都具有酸的一般通性，因為游離時可以生成氫離子。但硝酸的氧化性跟濃硫酸相似而與鹽酸不同，這是由於硝酸分子裡的氮原子處

第七章　科目記憶有方法

於最高價態，容易被還原成低價態氮。它的氧化性突出表現在不論稀濃，在不同條件時，硝酸都能發生氧化還原反應。由於硝酸分子的不穩定，極易分解的特徵，因此它的化學性質又和硫酸有不同之處。經過這樣的對比分析和歸納，簡化了記憶的內容，不僅能記住硝酸的特性，還能鞏固對硫酸和鹽酸化學性質的記憶，克服了靠死記硬背來學習化學的弊病。

7　分組記憶

如記第四週期過渡元素時（第 21 到 30 號元素），可以將這十個元素分為兩組，每組五個來記。記憶金屬活潑順序表，可將 18 個元素分為四組：鉀、鈣、鈉、鎂、鋁；錳、鋅、鉻、鐵、鎳；錫、鉛、氫；銅、汞、銀、鉑、金。

8　將新舊知識系統化

如有關溶解度計算，應先複習「溶解度」的概念，而後記憶溶解度的計算公式。這樣就會想到這一個公式必須具備：一定溫度下，百克溶劑中，溶解達飽和，溶質克數一定，此時溶質克數即溶解度。這樣，加深了對概念的理解，記憶起來就很容易了。

9　歌訣記憶法

歌訣記憶法就是針對需要記憶的化學知識利用音韻編成，融知識性與趣味性於一體，讀起來朗朗上口，利記易誦。如從

細口瓶中向試管中傾倒液體的操作歌訣:「掌向標籤三指握,兩口相對視線落。」,「三指握」是指持試管時用拇指、食指、中指握緊試管;「視線落」是指傾倒液體時要觀察試管內的液體量,以防傾倒過多。再如氨氧化法製硝酸可編如下歌訣:「加熱催化氨氧化、一氨化氮水加熱;一氧化氮再氧化,二氧化氮呈棕色;二氧化氮溶於水,要製硝酸就出來。」像元素週期表、化合價、溶解性表等都可以編成歌訣來進行記憶。

化學知識多而散,同學們在記憶時,應該找出知識間的連結,掌握其規律,這樣既便於理解,又容易記憶。如對物質的物理性質,主要從顏色、狀態、氣味、溶解性、熔沸點、密度等方面記憶,如果是金屬還要考慮其延展性、傳導性。透過這種方法,就能很容易記住各種物質的物理性質。

如何記憶生物知識

生物是一門知識性和實踐性都很強的學科,按理說應該是很有意思的。可是我卻不喜歡讀生物課本,感覺不好讀懂,更別提記憶了。所以,每次生物考試我的成績幾乎都是最差的。為此,生物老師專程到我家做了一次家訪,指導我如何記憶生物知識。

第七章　科目記憶有方法

1　聯想記憶

如「無機鹽對植物生長發育的作用」中有關植物缺營養元素，課本上有一段文字如下：

缺磷肥，葉、莖呈現紫紅色的斑點，新根少，生長緩慢。

缺氮肥，生長緩慢，葉色發黃，甚至早熟早衰。

缺鉀肥，植株不高，葉片邊緣像火燒一樣，生長不旺盛，最後乾枯。

根據教材內容，巧妙地利用聯想記憶，就可以這樣記，缺磷肥，把磷想成紫紅色的菱（磷）角，也就是葉、莖呈現紫紅色的斑點；缺氮肥，就想到（氮）黃（葉色發黃）；缺鉀肥，想紅燒甲（鉀）魚，也就是葉片邊緣像火燒一樣。然後，再記憶如果植株缺乏這幾種元素，都會出現生長緩慢的現象。

2　比較記憶

如植物的光合作用和呼吸作用就是對立統一的一對生命活動。光合作用的實質是合成有機物，儲存能量；呼吸作用的實質是分解有機物，釋放能量。很明顯，兩者之間是相互對立的。呼吸作用所分解的有機物正是光合作用的產物。可以說，如果沒有光合作用，呼吸作用就無法進行。另一方面，光合作用過程中，原料和產物的運輸所需要的能量，也正是呼吸作用釋放出來的，如果沒有呼吸作用，光合作用也無法進行。所以

呼吸作用和光合作用又是相互依存的。只有兩者的共同存在，才能使植物體的生命活動正常進行。

3　趣味記憶

如對於提出細胞學說的兩位科學家許萊登（Matthias Jakob Schleiden）和許旺（Theodor Schwann），許多人很難分清哪個是植物學家，哪個是動物學家。於是，有人聯想到了過年時貼的對聯：「五穀（植物）豐登（許萊登），六畜（動物）興旺（施旺）。」結果，一下子就記住了。

4　多元記憶

眼、耳、鼻、舌、身各感官充分利用，使大腦皮層各個中樞建立多元聯繫，從而加深記憶。許多學問都可透過既看其書、又觀其形、感其味的多方嘗試，從而達到牢固記憶。

5　列表對比記憶

「有對比才有鑑別」，把相類似的問題放在一起找出差別與聯繫，分清異同；記少不記多，減輕記憶負擔，增強記憶效果。如水分和礦物質代謝；粒線體和葉綠體；體液調節和神經調節；基因突變和基因重組等。

6　重在理解、勤於思考

生物學的基本概念、原理和規律，是在大量研究的基礎上總結出來的，具有嚴密的邏輯性，課本中各章節內容之間也具

有密切聯繫。因此，我們在學習這些知識的過程中，不能滿足於單純的記憶，而是要深入理解，融會貫通。

7　注重理論結合實用

生物是一門與生活非常緊密連接的科學。我們在日常生活中，可以將生物知識跟實際生活相結合。如在喝完一罐牛奶後，想想其中的糖、脂肪、蛋白質都會在體內經過怎樣的變化。看到花的葉子黃了，想想到底是缺少了哪種礦物質元素。如果忘記了，你便可以及時地看書回憶，這樣就又鞏固了知識。

生物學是最有發展前景的學科之一，它作為自然科學領域的集大成者，將會有極大的發展空間。另一方面，人類社會在新世紀面臨的人口、糧食、資源、環境和健康問題將更加突出，而這些問題的解決，很多都仰賴生物科學的進步，我們沒有理由不學好生物。從根本上說，生命科學源於生活和科學實驗的實踐，它的最終目的是要造福人類，讀書的最終目的是促進自身的發展，把讀書和現實生活連接。所以從實際出發，用學過的知識去解釋生活中的現象和問題，這樣讀書會變得有樂趣，記起來也就輕鬆，考試也能更得心應手。

如何記憶歷史知識

歷史需要記憶的東西好多，我都快要招架不住了。但是考

試的時候，偏偏就要考很多知識，更討厭的是平時花費很長時間記了那麼多，考試的時候卻忘記了，真是氣死人了！

1　記憶核心詞

太平天國是中國近代史上一次規模、影響巨大的反侵略平民起義。在上面這句話中，可以作為重點的內容是「反侵略」、「平民」這兩個「核心詞」。

2　公式記憶法

事件＝時間＋地點＋經過＋後果＋影響。

人物＝時代或國名＋職務＋作為＋評價。

作品＝時間＋作者＋內容＋意義。

會議＝時間＋地點＋人員＋內容＋作用。

條約＝時間＋地點＋簽訂雙方＋內容＋影響。

改革＝時間＋改革人＋內容＋意義。

戰役＝時間＋作戰雙方＋經過＋後果。

3　異同記憶法

從不同的事件中找出一樣的部分，一起記憶。

4　地名濃縮法

如 1895 年的《馬關條約》開放四口 —— 重慶、沙市、蘇州、杭州，就可以記作「重沙蘇杭」。

第七章　科目記憶有方法

5　對稱記憶法

如西元前 1894 年，古巴比倫王國建立；西元 1894 年中日甲午戰爭。

西元前 221 年，秦統一中國；西元 221 年，三國時期蜀國建立。

6　特徵記憶法

一些年代數字的組成恰好有些特徵。透過分析，發現其特徵來記。

如西元 1234 年，蒙古滅金，年代數字由小至大依次組合；

西元 1919 年，五四運動，年代數字重複組合；

西元 1881 年，簽訂《中俄伊犁條約》，年代數字前後、中間各相同等等。

7　瀏覽記憶

瀏覽課本，看平時歸納的重點，如果看到重點就可以回憶出它所指的意思，就說明已經記住這個重點了。

8　集合記憶

如元朝統一中國大事集合：西元 1206 年成吉思汗建立蒙古政權；1271 年忽必烈定國號為元朝；1276 年元朝滅南宋；1279 年元朝統一中國。

9　推算記憶法

有些歷史事件的發生年代呈有序排列，只記住一個年代，其它可以類推而知。

10　歸類記憶法

將同類歷史事件歸納在一起記憶其產生的年代。如世界三大宗教產生的年代，可以用此種方法歸類記憶。

11　對比記憶法

如將某一年代中外史上發生的重大事件整理在一起，進行對比記憶。如 1864 年，中國洋務運動開始、總理衙門成立、那拉氏發動北京政變；世界史上美國南北戰爭開始，俄國亞歷山大二世進行廢除農奴制的改革。

12　趣味諧音記憶

383 年淝水之戰可記憶成「三把傘」。

要學好歷史知識，應該不是很困難。有各種名人名事，了解歷史也就是了解這個世界的發展和人類的進步。不過，想學好歷史，也必須要有興趣。歷史書肯定要多看，不要只看課本重點，這樣歷史就學得很枯燥了。要了解歷史上發生的各種事情，然後將一些重點的，有意義的多看幾遍。此外，還可以把歷史知識按照時間線進行整理，在讀書的時候，按照年代、時間來進行記憶，這樣可以更加容易。

第七章　科目記憶有方法

如何記憶地理知識

　　不知為什麼，不管是文組還是理組，似乎地理成績都不穩定，忽高忽低，真不知道怎樣才能學好？只好去向地理老師請教，她告訴我說，除了重視與否的態度以外，還與記憶方法得當與否有關。

1　歌訣記憶

　　如死海深度海平面以下 392 公尺 ── 四孩是三舅兒（392）。馬里亞納海溝，深達 11,022 公尺 ── 加大馬力壓那海狗，牠只搖搖動雙耳（11,022）。

2　比喻法記憶

　　如記憶氣壓帶、風帶的季節移動時，可以比喻為燕子的季節遷徙。

3　歌訣法與連鎖法連用

　　如南美洲的十二個國家按字數由少到多：紙裡（智利）有一條祕密的路（秘魯），通往阿爸種的西瓜田（巴西）。阿爸拉著烏龜（巴拉圭），烏龜又拉著烏龜（烏拉圭）在那路上走。突然被路邊夾在書裡的南瓜（蘇利南）滾出來壓住那烏龜（圭亞那）。阿爸跟著停下來（阿根廷）一看，這兒瓜多呀（厄瓜多爾）！烏龜說：「把瓜放進葷包內拉走（委內瑞拉），乘玻璃纖維壓（玻

利維亞）成的船，跟哥倫布比一比呀（哥倫比亞）！」

4 圖文結合，易學好記

讀地理離不開地圖，必須重視地圖，識圖、用圖也是地理學科最重要的基本技能。地理教材中有著豐富多彩的各種類型的插圖，與文字配合，使教材內容的呈現更加直觀、形象、生動。讀書時，不論是自然地理還是人文地理，都要重視圖的學習和運用，採用圖文結合的方法，才能更好地理解與記憶。

5 字頭法

如用字頭記中國地理各個走向的山名，組成一副對聯：「天陰昆秦南喜馬以長武大太巫雪」，橫額是「黃賀祁阿」。要是進一步調整並換字，就可記為：天陰難晴困死馬，舞臺太長巫雪大，橫額是「橫禍起阿」。

6 縱向歸納

地理的單個重點之間往往存在著縱向的歸納、演繹、遞進聯繫。我們可以從一個關鍵要素出發，單個知識串連起來，如地球的公轉運動，產生了正午太陽高度的變化和晝夜長短的變化，進而形成了地球上的四季和五帶，把這幾個重點縱向歸納起來，就成為一條地理知識鏈。

7 分解記憶法

就是把繁雜的地理事物進行分類，分解成不同的部分進

行記憶。

8　從屬聯想記憶法

如總星系 ── 銀河系 ── 太陽系 ── 地月系。

9　對比記憶法

如世界和中國能源消費結構相比較。相同之處：1950年代，兩者消費都以煤炭為主；1960年代後，石油、天然氣比重增加，煤炭比重下降；1970年代，由於石油漲價，煤炭比重又有所增加；不同之處：世界能源消費以石油、天然氣為主，中國仍以煤炭為主。

地理是一門重要基礎課程，它兼有自然學科和社會學科的性質。所以，其學習方式既不同於物理、化學、生物等理科課程，又與國文、歷史等文科課程有很大的差別。地理的記憶量也非常大。據統計，現在的地理課本中，光地名就有兩千個左右。近年來的綜合式考題更加要求學生記得廣博又準確。我們不能讓記憶地理成為一種苦差事，這樣的記憶效果不會好，平時應該多注意尋求一些好的記憶方法，多發掘一些趣味記憶的竅門，讓自己在興趣的引導下快樂記憶。

第八章
增強記憶力，營養和健康要跟上

　　人的一生都需要營養，營養是生命的源泉、健康的根本，食物則是營養的來源。對於正在快速成長的中學生來說，飲食是他們成長過程中非常重要的環節。因此，要想吃得科學，長得強壯，就要科學安排自己的飲食，養成良好的飲食習慣，為自己一生的健康打下良好基礎，進而提升記憶力。

第八章　增強記憶力，營養和健康要跟上

營養與益智

　　以前我是一個這也不吃那也不吃的「挑食大王」。搞得媽媽都不知道該如何給我增加營養，保證我有健康的體魄。無計可施的媽媽只好去聽專家講座，當媽媽回來告訴我說，人體所需要的營養與記憶力有著十分密切的關係時，我意識到了問題的嚴重性。所以，強迫自己吃一些健腦食物（以前從來不吃的），一段時間過後，對提高記憶力果然大有裨益。

1　正常飲食

　　即一日三餐注重補充多種營養物質。如蛋白質、脂肪、醣類、維他命等。要做到不挑食、不偏食，這樣才能吸收多種不同食物的營養素。

2　常吃魚肉

　　許多研究證實，魚類脂肪中所含的 omega-3 脂肪酸不但能保護心臟、預防中風，更是讓人頭腦靈活，記憶力佳，而且快樂不憂鬱的「聰明食物」。我們腦部一半以上是不飽和脂肪（包括 omega-3 脂肪酸），尤其 omega-3 中的 DHA 是神經細胞膜中非常重要的成分。要維持大腦神經傳導功能正常運行，幫助腦部細胞運送營養並清除廢物，都必須有足夠的 DHA 才能達成。所以，吃魚特別是深海魚，不但能提高記憶和學習能力，還能預防記憶力衰退。

3 每天吃兩顆蛋

蛋是優質蛋白之一，蛋黃也含有豐富的卵磷脂，後者會在體內釋放乙醯膽鹼，此為腦細胞之間傳遞資訊的生物鏈條，能促進腦膠質細胞和中樞神經系統發育，增強思維和記憶。

4 常喝牛奶

牛奶為優質蛋白，所含亞麻酸和卵磷脂有助於大腦發育。

5 常吃南瓜、南瓜子

南瓜是 β 胡蘿蔔素的極佳來源，這種抗氧化物質可以幫助你擁有健康年輕的腦力。荷蘭的研究發現，日常飲食攝取許多富含 β 蘿蔔素食物（如深綠色葉菜、胡蘿蔔、甜椒、紅薯、木瓜、芒果等）的人，一生可以維持較敏銳的思考能力。南瓜子中所含的礦物質鋅，也是促進大腦機能的重要物質。德州大學的博士指出，一般健康的人缺乏少量的鋅，短期記憶力就會衰退，不過只要補足了鋅之後，短期記憶力就會恢復正常甚至會有所提高，如女性的文字記憶力會提高 12%。

人的大腦中有無數個神經細胞在不停地進行著繁重的活動。科學研究發現，飲食不僅是維持生命的必需品，而且在大腦正常運轉中也發揮十分重要的作用。有些食物有助於增進人的智力，使人的思維更加敏捷，精力更為集中，甚至能夠激發人的記憶力。在日常生活中，要堅持食用健腦食品，既可以改

善腦神經的結構和功能，也會提高智力指數和記憶能力。

合理安排三餐

　　唸書、工作任務繁重那是家常便飯，因此常常要到很晚才能完成當天的任務。家人見我辛苦，經常讓我服用健康食品，他們認為服用健康食品是給我補充營養的最佳方法。我也這樣認為，所以天天補。但卻事與願違，我的身體出現了狀況，不得不去醫院檢查。醫生說，許多健康食品是補益類的，服用過多會直接影響進食量。輕者導致口舌苦澀、進食無味且不覺飢餓，重者會導致「內火上炎」。由於壓力大心情容易緊張，如果又「上火」，就會直接影響食欲，甚至造成腸道蠕動減緩導致便秘。這個時候再濫用補品，無異於火上澆油。因此，應該保持一顆平常的心態，合理膳食，而家長也應該提供平衡的飲食，才是最實用、最安全、最科學有效的方法。

　　1　能量分配要適當

　　三餐熱量分配比例：早餐占 20% ～ 25%，午餐占 35%，晚餐占 30%。膳食應多樣化和營養平衡，並保證量足夠。

　　2　要保證品質

　　早餐要吃好。經過一夜體能消耗，各種代謝物在體內也有

一些堆積；而上午大腦所需要的熱量幾乎全部來自早餐，空腹不僅會影響讀書、工作效率，而且容易發生低血糖昏厥現象。因此，吃好早餐可以給大腦提供充足的熱量，對保持旺盛的精力和較好的讀書狀態非常必要。早餐的基本要求是：熱量適當，蛋白質適量，碳水化合物充足。應多攝取一些補腦食物，如魚類、豆製品、瘦肉、蛋、牛奶以及新鮮蔬菜、瓜果等，少吃肥肉、油炸食品等。早餐最好在起床 20 到 30 分鐘後食用，主食量在 100 到 150 克左右。同時要補充飲水，避免飲用含糖分較高的各種果汁飲料。

午餐也應受到充分重視。午餐是一日中的主餐，上午體內的熱量和各種營養素消耗較大，因此中午要提供充足的能量和各種營養素，多攝取肉類、蛋、豆腐等食品，能為午後活動提供能量及營養儲備，同時要防止暴飲暴食，以免加重胃腸負擔，對健康不利，吃得過飽可使大腦靈敏度降低，影響發揮。

晚餐的飲食可與中餐接近，但要清淡一些，不要吃過多的脂肪、蛋白質等難消化的食物，不宜油膩過重。吃得過飽會影響睡眠，抑制生長激素分泌，因此，晚飯後盡量不要進食。

3 用餐次數要合理

除一日三餐之外，可以在下課時間增加一次點心，以便供給充分的營養素和能量，利於腦力活動，增強記憶力。

4　品種多樣化

吃的食物品種應多樣化，既要提供豐富全面的營養，又要調劑胃口，增進食欲。因此，一定要注意變換食物的花樣，盡量避免食物上的「老面孔」。

5　葷素搭配

飲食要考慮到葷素搭配，不要連續幾天吃得很清淡，又連續幾天吃得很豐盛，這樣會導致暴飲暴食，影響記憶力。

俗話說：「早飯吃好，中飯吃飽，晚飯吃少。」這是很有科學道理的。每天按照這個安排一日三餐，准沒錯。因為一天中，上午的活動比較集中，所以體力消耗大，需要補充能量。早餐一定要吃得有營養，像高熱量、高蛋白的食物，如蛋、牛奶之類。千萬不能不吃早餐哦，餓起來的滋味可是很難受的，頭昏眼花，沒精神，還在上課時迷迷糊糊打起瞌睡來，不僅影響記憶效果，而且嚴重時甚至很有可能會暈倒。這都是因為不吃早餐血糖降低的緣故。中餐也一樣，如果不吃中餐，便沒有精力來讀書。中餐一般是一天中進食最多的一餐，所以食物要豐富些。各種蔬菜和葷菜都得有，以保證攝取足夠的熱量和營養物質。晚飯也不要忽視了。在這個時間，身體的活動量減少了，需要的熱能較少，消耗也不多。如果吃得很多，反而加重了消化器官的工作負擔，會妨礙消化和營養吸收，晚上睡覺還

會做噩夢呢！但也不能吃得太少了，免得睡覺時肚子餓，影響休息。晚餐最好吃些蔬菜之類清淡的食物，讓我們的腸胃在夜間能好好地休息。

別誤了早餐

最近一段時間，由於我身體不舒服，早上容易賴床，不到最後一刻都不起床，為此，匆忙洗漱後，趕緊背起書包奔向學校，根本沒有時間吃媽媽為我準備好的營養早餐。為此，我天天感覺頭昏腦脹，昏昏沉沉的，上課也無精打采，記憶力開始下降，老師剛剛講過的重點，再讓我講一遍，我都不會。去看了一下醫生，醫生告訴我說：「不吃早餐，人體的血糖就會降低，而腦細胞對血糖波動最敏感。當血糖下降時，大腦的功能隨之下降，人的思路開始變得遲緩而混亂，在低血糖的情況下讀書，效率自然不會好。只有當血糖處在正常水準，人才能感到精力充沛，思路敏捷。」

1　盡量在家吃早飯

父母沒有時間做早飯，就給我們錢，讓我們自己買吃的。然而，這些原本應該買早餐的錢常被我們用來買各式各樣的垃圾食物了。要做好自律，抑制自己的不良習慣。

2　掌握好起床時間

盡量讓自己可以在家裡安心地吃早餐，如果在趕著出門之前早餐沒有吃完，可以把剩餘的食物帶上。如獨立包裝的餅乾、優酪乳、穀物棒等，可以在路上或者下課時間的時候吃。這樣也能及時補充體力，提高記憶力。

3　早餐要合理

合理的早餐應包括牛奶或豆漿，還可加上蛋或豆製品或瘦肉等富含蛋白質的食物。這樣可使食物在胃裡停留較久，使整個上午精力充沛。另外，水果和蔬菜的攝取也很重要。

4　起床後喝一杯水或者果汁

在早餐之前喝水或者果汁，有利於刺激胃口，增加吃早餐的食欲。然後把早餐一點一點地端上來，而不要一下子把所有的東西都擺出來。可以從最清淡的水果、優酪乳或者喜歡的食物開始。因為，一下子看到所有的食品可能會產生厭倦的情緒！

俗話說得好：「早餐要吃好，中午要吃飽，晚上要吃少。」吃早餐不但能夠增強大腦功能，迅速提高記憶力，還能提高課業興趣，有利於身心健康。反之，如果不及時吃早餐，會給身體帶來許多不利影響。不吃早餐，首先對智力有影響，上課時會出現低血糖，症狀有頭暈、心慌，冒冷汗、注意力不集中，

嚴重者將思維模糊甚至暈倒；第二，導致胃病；第三，使膽固醇增高；第四，導致膽結石等疾病。因此，一定不要輕視早餐。早餐要定時定量。最好是給自己規定起床時間，並且要求家長及時給自己準備早餐，也可以自己動手，但要保證早餐品質。因為人在早晨剛起床的時候，往往食欲不佳，在準備早餐的時候不僅要注意食物結構，還要注意準備品質高、體積小、顏色好看、味道誘人的食物，在品種方面也要盡力做到豐富。

養成以右腦為中心的生活方式

由於受傳統教育的影響，我經常只用左腦，很少開發右腦。長時間對智力的片面運用以及不良的用腦習慣，不僅造成了大腦部分功能負擔過重，讀書和記憶能力下降，而且致使想像力貧乏，精神過度緊張，進而產生厭學情緒，形成了惡性循環。有時，雖然可以進行周密的邏輯分析和語言上的表達，卻不能產生智慧上的飛躍。

1　經常保持良好的情緒和正向態度

人在良好的情緒下，腦神經會因分泌的一種興奮激素使人產生愉快的感覺，增強大腦的活力，這使人的情緒正向，思維活躍。所以平時要注意觀察自己的行為，發現和保護自己的興趣，保護自己的好奇心。這對開發大腦、促進右腦的發育大

有裨益。

2　正確地使用感覺器官

如看一副好畫，聽一首佳曲，嗅一下花香，摸一下柔美的東西，品一下美味佳餚，就可能超越娛樂的境界，對大腦產生好的影響，進而打開右腦的記憶功能。

3　開展左側肢體的鍛鍊

人的右腦與人的左半身的精神系統相聯繫，支配著其運動和知覺；而左腦恰恰相反，與右半身的神經系統相連，支配其運動和知覺。大腦的左、右兩半球各管轄人體相反一側的半身，具有對側支配的特點。因此，可以適當做一些開發右腦的活動，例如：手指遊戲，鍛鍊左手的靈活性，對開發右腦是有益的。

4　在腦子裡繪圖、看圖

當你或與別人談話、或看書、或聽廣播的時候，只要有可能，就盡量把聽到或看到的語言、文字內容在腦子裡描繪成圖像，然後，閉目冥想，使用「內視」的方法在大腦中「看圖」，並努力使自己感知在大腦中浮現出的動態圖景。只要能感到大腦中有東西浮現出來，那就說明有了效果，這對激發與發揮右半腦的潛能很有裨益。如果大腦中浮現出的是語言，那就把它剔除。

5　多練習形象描述與判斷

在日常生活中，可以嘗試用形象來描述某一個實物，用形象判斷某一個事物；也可以進行空間方位的遊戲，訓練空間形象直覺，這樣有助於開發右腦的記憶功能。

人的大腦分為左右兩個半球，這兩個半球是以完全不同的方式進行思考的，左腦最大的特徵在於具有語言中樞，掌管說話、作文、邏輯、判斷等；右腦掌管圖像、感覺，具有藝術鑑賞力、想像力、創造力等。所以，與左腦的語言性記憶不同，右腦中具有另一種被稱為「圖像記憶」的記憶，這種記憶不花費時間，採用從整體到局部的並列式工作方式，把所見所聞用圖像的形式記憶下來，並用圖像把資訊原樣重現出來。這種像拍照片一樣把我們所看到的東西記憶下來，在需要時又使圖像重現的能力被稱為照相記憶能力。因此，右腦記憶不僅記憶的時效性長，其記憶速度也遠遠大於左腦。這是由於處理資訊時，左腦將資訊進行詞彙化處理，也要變成語言才能傳達出去，所以相當花時間。而右腦將資訊圖像化處理，不需要轉變成語言的過程，所以處理起來相當迅速。右腦記憶能力是左腦的百萬倍。綜上所述，一定要嘗試養成以右腦為中心的生活方式。

「垃圾食物」要少吃

每天放學後，當我走到公車站時，我都會買一些香腸，QQ球來吃，感覺特別開心。時常由於貪嘴，多吃了幾串，肚子飽飽的。導致回家後，根本沒有食欲吃家人做的飯。久而久之，以前六十多公斤的我，逐漸瘦到四十多公斤，而且經常感覺到累，頭總是暈暈的，沒有精神，在上課時也不能集中注意力了，老師所講授的知識有很多都已經記不住了。

1　知曉「垃圾食物」的害處

可以從網路上或書本上找一些有關「垃圾食物」的圖片，從視覺上讓自己區分。起初，也許你會不以為然，但是重複的次數多了，心裡也是會有一個概念的，慢慢就會改掉這個十分不好的壞習慣的。

2　從源頭上遏制

這樣就需要自己盡可能地少接觸「垃圾食物」。堅決不吃垃圾食物。如喝著可樂、嚼著薯條。

3　豐富日常飲食

平日裡盡量多吃水果、蔬菜、堅果、紅棗、乳製品之類富含維他命和礦物質的食物，這對身體健康非常有益。

4 理性對待速食

有些人為了獎勵自己，把吃速食當成是對自己的獎勵，這樣是不對的。因為速食吃多了並不是一件好事。

5 用口味差不多的健康食品來替代「垃圾食物」

比如用優酪乳代替奶昔，用海苔代替膨化食品，用水果沙拉代替果凍。這樣就會逐漸減少你對「垃圾食物」的渴求。

6 養成好好吃飯的習慣

胃容量是有限的，如果肚子裡總是飽的，就不會想著吃零食了。這樣，也能很好地避免「垃圾食物」的介入。

英國科學家發表的一項最新研究指出，全球罹患精神疾病的人數不斷上升，與人類過去半個世紀的飲食習慣改變、吃進過多的垃圾食物有關。人們將過多來自垃圾食物的飽和脂肪和醣類塞進肚內，而食用過多飽和性脂肪及醣類，是導致記憶力下降的重要原因。而且垃圾食物所含的毒素和氧化劑對腦部細胞也會造成損傷。所以，為了自身的健康，為了自己的學業，請遠離「垃圾食物」。

飲水能增強記憶力

我是一個喜歡運動的人，每次上體育課都累得滿頭大汗，渾身就像被水浸透了一樣，當時感覺很舒服。可是沒多久，覺

第八章　增強記憶力，營養和健康要跟上

得整個人就像脫水了一樣。因此，一回到教室，我就馬上大口大口地喝水。當時感覺好過癮，可是久而久之，感覺自己的記憶力好像下降了，老師講課時，我的精力不夠集中，根本記不住他在說什麼。

1　有節制地喝水

喝水也要有節制，不能因為口渴，就無所顧忌地大口飲用。夏季氣溫高，人們容易流汗，身體的水分由汗腺排出，勢必會感到口渴。這時，就需要及時地補充水分，但每次喝水要適量，不要喝大量的水。即便是口渴得厲害，也不能喝太多水。因為，喝進的水被吸收進入血液後，血容量會增加，大量的水進入血液循環會加重心臟負擔。讓人感覺很不舒服，不能集中精神做事、讀書。所以，一定要注意適當地分幾次喝。平時劇烈運動或勞動出大汗後不宜立即喝大量水。用餐後消化液正在消化食物，也不宜大量喝水，此時如喝進大量水就會沖淡胃液、胃酸而影響消化功能。

2　記住喝水禁忌

飲水有很多忌諱，一定要謹記：一是飯前不宜喝水。飯前喝水可使胃酸稀釋，不利於食物的消化，而且胃部有飽脹感，影響食欲。二是睡前不宜喝水。大量喝水後，很容易遺尿，即使沒有遺尿，一夜幾次小便，也會影響睡眠品質和第二天的生

活。三是不喝生水。當口渴難忍而且沒有開水供應時，便會喝生水，常易導致胃腸道疾病，如細菌性痢疾、傷寒等。四是喝水不宜過快。如果一口氣喝上一大碗，不僅造成急性胃擴張，而且也不利於水的吸收，應該是一口一口慢慢地喝。

科學研究發現，人體下視丘合成的抗利尿激素具有增強記憶的作用，而飲水量的多少恰恰可以調節抗利尿激素的分泌量，間接地影響記憶力。當人們無節制地飲水時，隨著血液中水分的增多，滲透性就會隨之下降，血容量就會增大，就會導致人體下視丘的滲透壓感受器興奮性下降，容量感受器的興奮性增強，而兩者都會使下丘腦合成的抗利尿激素減少，從而不利於大腦的記憶活動。反之，當有節制地飲水，血漿滲透壓提高時，抗利尿激素就會大量分泌，作用於大腦邊緣系統，可以增強其記憶功能。所以，適當控制飲水量，對增強記憶力是有益而無害的。

身體健康記憶好

星期天的晚上，由於家人出門沒有回來，我一個人在家。當時高興得不得了，今天終於可以自由支配時間了，想玩多久就玩多久，只要不耽誤明天上課就可以。在這種心情的驅使下，我興奮地玩了整天，最後趴在電腦前睡著了。第二天一早

起來，發現自己由於受寒而感冒了。可是也沒辦法呀，只得挺著病體去上課。上午還好，反應還不是很強烈，還能堅持著聽課。可一到下午，我再也堅持不住了，整個下午一直都處於昏昏沉沉的狀態中，覺得頭重腳輕，老師在上面講了什麼，我一點都沒有記住。

1　關注生病的「早期信號」

患病初期常常是先有精神狀態方面的改變，如煩躁、精神不足等。這就說明你的身體已經向你發出了信號「我患病了」，需要主人注意了。

2　不要打破生理時鐘

要養成良好的休息習慣，不要抓住所謂的機會，就玩個沒完沒了，影響正常的休息。要知道，熬夜對身體的健康是沒有任何好處的。如果時間久了，會產生嚴重的身體疾病，那時後悔都來不及了。

3　生病時不強迫自己唸書工作

生病了，感覺身體不舒服時，不能因為臨近考試或者是擔心成績會落下來，就強迫自己讀書，這樣會加重身體與心理負擔。應該積極治療。在患病期間好好休息。等到完全康復，身體健康時，再記東西、讀書也不晚。

大腦和身體是一個整體。在身體健康時，身體各個部分的

功能才能相對平衡，代謝才能旺盛，大腦才能得到充足的氧氣和營養供應，興奮和抑制也處於平衡，因而容易建立條件反射，記憶會加強。相反，如果身體不健康，精力不充沛，必然會使記憶力減弱。許多疾病都能造成記憶力減退，特別是腦的疾病。

學學「健腦操」

「健腦操」可以提升大腦的思考能力，增強記憶知識的能力，快來學怎麼做吧！

1 學會「健腦操」

用雙掌輕揉太陽穴，來回揉五到十次。雙手置於後腦，一邊吸氣，一邊頭慢慢向前彎；接著一邊吐氣，一邊把頭慢慢向後仰，反覆五到十次。在這一過程中，吸氣、吐氣要溫和，不宜用力過猛。雙手置於後腦，做上下揉搓及按壓的動作，來回揉五到十次。雙手交握，相互交叉，採用右手大拇指在上及左手大拇指在下的動作，交替進行五到十次。在此過程中相互交叉時雙手可以輕輕摁捏，效果更佳。指根交叉，用力緊壓手指三到五秒，放鬆後再交叉，反覆數回。腳底緊貼地面，上半身放鬆，然後雙手手掌朝下，做前後擺動狀，反覆十到二十次。

第八章　增強記憶力，營養和健康要跟上

2　保健操

在頭頸後部找到「天柱」、「風池」兩穴位，將兩手交叉於腦後，用拇指的指腹腔按壓這兩個穴位，每次按壓五秒鐘，突然加壓，然後將拇指移開，按壓五到十次後，會感到頭腦清醒，提高記憶的效率。

3　手指操

俗話說：「人有兩件寶，雙手和大腦。」人的雙手能做出幾十億種動作，手的動作越複雜越能激發大腦的思維功能。如伸出手掌，攤平，大拇指豎起，其餘四指併攏。使食指垂直脫離另外三指，並垂直向下碰觸中指三次，按其節奏頻率，嘴裡相應唸道：「上打三通鼓」，恢復四指併攏姿勢。再使小拇指垂直脫離另外三指，並垂直向上碰觸無名指三次，嘴裡相應唸道：「下打鼓三通」，恢復四指併攏姿勢。然後按以上要求，食指和小拇指同時分別向中指和無名指碰觸三次，口裡唸：「兩邊一起打」，恢復四指原來的姿勢。最後使中指與無名指分開，中指與食指相並，無名指與小拇指相並，讓中指、無名指碰觸三次，口裡念：「中間離個縫」，結束時將手指張開如剪刀狀。但是值得注意的是，在練習的過程中必須手掌平直，不得彎曲，手指不能向左右偏斜。練習順序先右手後左手，最後到雙手能同時做的程度。

4　多使用左上肢及左下肢

在日常生活及運動中，要多使用左上肢及左下肢，尤其要多用左手活動，以減輕大腦左半球的負擔，從而加強大腦右半球的協調機能，有利於增強記憶力。

5　持之以恆才會有效果

不僅要做健腦操，更要長期堅持下去。當自己偷懶時，適當懲罰自己，使自己以後能夠主動自覺地做健腦操。這樣時間長了，大腦的思考能力才能加強，記憶力才會提高。

心理學家經過研究發現，動手實驗和實際操作，比聽和看更能迅速地調起人的注意力，很快就能達到智力活動的興奮狀態。在這種情況下，手腦是分工合作的，這時手的活動將外部的資訊頻頻向大腦傳達，由大腦進行接收、分類、加工、組合等，然後再給手下達命令；當手接觸到某些外部資訊時，大腦便立刻提取記憶倉庫裡的有關資料，並指揮如何動手……這等於在手腦之間有一條高速公路，資訊正在這之間進行著高速的運動。在這種資訊高速傳遞的過程中，智力自然也會快速發展，相應地記憶能力也會得到提升。

多多運動

俗話說，欲速則不達。單純性地持續性讀書，容易產生疲

第八章　增強記憶力，營養和健康要跟上

勞。人在疲勞的時候，記憶力和注意力都會下降，如果適當地調節，不但有益於讀書，而且也有益於身體健康。所以，每次在讀書讀累的時候，我都會進行適當的運動。這樣緊張的大腦得到了休息，記憶能力也得到了提升。

1　身體健康是讀書的前提條件

身體是一切活動的本錢。可見，一定要重視運動。因為要想學得好，必須有一個健康的身體。足夠的精力和體力是取得好成績的必要條件，而這必須透過運動獲得。如果忽視體育，即使讀書再勤奮，課業興趣再好，在成長中也會受到一些牽絆。

2　運動要有計畫

做任何動作都應該逐漸適應，慢慢掌握。要知道羅馬不是一天建成的，運動對人的影響是潛移默化的，不會立竿見影。所以，不要操之過急，要有計畫逐漸增加運動量，剛開始強度不要太大，只要有些微汗，面部覺得有些發熱，動作協調就可以。

3　減輕學業負擔

愛玩是我們的天性，但是現在的人課業負擔過重，這也是造成無法正常進行運動的原因之一。所以，要盡量減輕自己的負擔，留下足夠的運動時間。只有這樣體格會越來越好，成績也會相應地得到保障。

4　選擇適合自己的運動項目

一般來說，對體育專案的選擇主要是根據自己的愛好來確定。在眾多運動類型中，益智作用較好的有跑步或長距離散步以及體操等，但有人喜歡球類，有人喜歡游泳、爬山，也有人喜歡棋牌類等等。只要是健康的體育活動，對促進智力發展和思維活動都是有益處的。

5　堅持不懈不能少

無論你進行何種體育運動，都不能三天打魚兩天晒網。因為，不堅持是沒有效果的。

現今社會，有許多人就像溫室裡的花朵，經不起風吹雨打，稍不注意就會生病。而且他們沒有堅強的意志力，再加上讀書壓力日趨加重，他們常常感到身心疲憊。堅持運動，在提高身體體能的同時，也可以緩解心理壓力，使智力得到充分的發揮，提高記憶的效果。因此，無論原本的體質如何，運動都不可缺少。運動對發育、成長、記憶力的訓練擁有至關重要的作用。它不僅能強身健體，更能因為必須持續而培養孩子堅韌的意志，讓孩子獲益匪淺。

養成健康的用腦習慣

我經常在教室裡非常努力地唸書，但奇怪的是，我的成績

第八章　增強記憶力，營養和健康要跟上

卻一直不理想。老師上午剛剛講過的知識，到下午放學的時候，我忘得差不多了。而且在讀書的過程中，一下就想睡覺或打瞌睡，總是頭昏眼花，注意力不能集中，反應也遲鈍了，經常感覺好累，有時看書看了一大段，卻不明白其中的意思……是不是我太笨了？

1　不在飢餓的狀態下用腦

每天都堅持吃富含蛋白質等營養的早餐，以保證腦部營養的供給。早餐一定要吃。不吃早餐一上午都將處於飢餓中，血糖低於正常供給水準，這會導致大腦的營養供應不足，若經常如此，往往會有損大腦的健康和思維功能。

2　玩考眼力之類的遊戲

實驗證明，在堅持玩此類遊戲（比如大家都知道的「連連看」）一段時間內，人的記憶力可以迅速提高！這是因為，當你在前幾次玩的時候，你老是忘記剛剛看到的東西，而經過一段時間的訓練以後，你會發現，再怎麼亂都能找出一對 —— 為什麼？難道是你的運氣突然加強了？其實不是的，那是你的第一感覺已經提高了。因為你在不久前看到的圖片在你腦海裡面「存」了下來，當你再次看到本圖的另外一張圖時，你自然而然手就自動點擊下去，也許你腦海都沒反應過來，僅僅是憑藉你的記憶力達到的。

3　交替學習

長時間地鑽研一門功課，不僅容易疲勞，而且效果不好。學習不同內容的知識，可使大腦皮層的不同興奮點相互交替「工作」，以發揮保護大腦的作用。這就是為什麼課程表上的國文、數學要分開排列的道理。

4　保證充足的營養

大腦的發育需要充分而均衡的營養。營養也就是益智配方。從出生開始大腦就不斷地需要吸收各種幫助大腦發育發展的營養元素，特別是 ARA 和 DHA，這些營養元素對腦部和視覺發育非常重要。平時，可以特別買一些含有補腦元素的食物吃，但要注意適量，最好是諮詢相關的腦科專家再補充相關的食物。

5　保證充足的睡眠時間

睡眠是大腦的主要休息方式，只有充足的睡眠才能使大腦得以消除疲勞，保持正常運作。睡眠還可以恢復腦力，而且能使大腦進行資訊的鞏固和條理化。因此，應安排好自己的睡眠時間，保證睡得好、睡得足，不要熬夜，以免影響正常休息。

6　不在身體欠佳或患病時勉強堅持讀書

這種情況下不僅效率降低，而且容易造成大腦的損害。

7　掌握最佳用腦時間。在一天中不同的時段學習相同或相

　　近的內容。耐心地實驗一段時間，然後根據實際情況進行比較考核，以便掌握自己的最佳用腦時間。

　　每個人的讀書習慣不同，持續時間長短各異，但有一點要注意，那就是當你讀書感到疲倦、讀書效率下降時，不要強迫自己繼續學下去。這時應休息或起身運動。有的同學認為休息、體育活動浪費時間，特別是看到別人在學，自己在「玩」感到很不安。其實不然，適當的休息、運動會補充腦中含氧量，消除大腦疲勞，促使大腦更快恢復正常，以更清醒、更興奮的狀態投入讀書，使讀書效率更高，還能有效增強記憶力呢！

第九章
良好的環境有助於提高記憶

記憶是件複雜的事情。除了需注意方法和飲食之外，還應配合一個良好的環境。可以說，好環境可以更有效地幫助我們提高記憶，沒有好的環境，一切都無從談起。因此，欲提高記憶能力，就從打造一個好環境開始。

第九章　良好的環境有助於提高記憶

整潔的環境有助於記憶

之所以會有現在的不良習慣，在很大程度上是因為父母的「親自示範」造成的不良影響，有時甚至直接丟東西在我的書桌上，家裡亂七八糟的，聽歌或是長時間上網聊天……在父母的麻將聲、電視或音樂聲下做功課，就算坐在書桌前，我又怎麼會有心思讀書呢？即便是強迫自己讀了，也是一邊看，一邊就忘了，根本記不住。

1　有固定、獨立的讀書場所

身為孩子，在家裡條件允許的情況下，你可以要求父母為你布置一間屬於自己的房間，使自己可以在固定的場所讀書，記憶知識。

2　創造適合讀書的心理氛圍

你可以告訴家人，家裡經常吵吵鬧鬧，對你來說是一種很大的心理干擾，會造成一定的情緒壓力。在這種負面情緒的干擾下，你是不可能專心讀書的，更別談記憶所學知識了。相信家人會在你的要求下反省並理解的，還你良好的記憶環境。

3　營造愉悅的求知氣氛

家庭是人生的第一所學校，是讀書生活的第一環境。因此，一定要創造一個良好的求知環境，營造一種輕鬆、愉快的

讀書氣氛，這樣才能提高讀書興趣，對所學知識進行有效記憶。

4　書房的布置應簡潔明快

牆壁以淡色為好，不要張貼很多東西，否則容易分散讀書時的注意力，但可以寫些格言、警句貼在牆上。

5　書桌是專門供讀書用的，最好不要另做他用

書桌要美觀舒適，抽屜裡要備有做各門功課所需的工具：剪刀、裁紙刀、膠水、膠帶、彩色筆、白紙等。這樣，在讀書過程中需要它們時，立刻就能找到，不會因為缺少某件工具而中斷作業，心生煩躁，影響接下來的學習和記憶。

6　自己的房間最好自己設計和布置

每個房間都有自己的秩序，床怎麼放，小家具怎麼擺，玩具怎麼擺，書放在哪裡，牆面如何布置等都自己擺放。當然也可以和家人共同商量、共同擺放。

記憶力總是受到周圍環境的影響，周圍的環境不同，心境與態度也會有所不同。當周圍雜亂不堪時，心境也會隨之紛亂散漫，無法平心靜氣地做事。相反，在一個有條不紊的環境裡，精神則很容易集中。然而，一提到家庭要有良好的讀書環境，有的人可能就會想到物質環境，如「茶來伸手、飯來張口」的優越條件和寬敞明亮的書房等。當然，這些都是家庭讀書環境的具體內容，但很多小的細節也是不容忽視的，書房不

是越豪華越好，書桌也不是越高級越好，而應是一個固定、安靜、獨立的讀書場所，還要做到整潔、舒適、有序。這樣就能心平氣和地待在那裡讀書。而只有心境平靜了，記憶力才會大大提高。

房間狹小有助於記憶

現代人非常重視教育，為了讓孩子能好好唸書，家長特別把大臥室空出來，精心布置成書房，供孩子溫書用，為此還花了好多錢。可是沒過多久，在這個大房間裡，我再也集中不了精神了，每次都是一邊唸書，一邊觀看我寬敞明亮的新書房。為此，看過的重點和沒看過的一樣，根本就記不住，成績也下滑得好快，老師都罵我了。

1　注意窗戶位置

如果是住公寓大廈的話，不要選擇窗戶朝向馬路的房間當書房比較好，因為窗戶朝向馬路的話，不僅會看到馬路上的人、車，而且噪音也大，注意力容易渙散，影響記憶。

2　遠離玄關的房間

一般來說，遠離玄關的房間大多是走廊角落的空間。這樣的房間很少有人走動，相對安靜，可以為記憶知識提供有利的前提條件。

3　狹小的住宅

通常，人在廣大的空間裡，心情也會變得開朗，精神卻不容易集中。但若要默默做一件事情時，是需要有密封感的，所以小房子可以說是最適合集中精神讀書和記憶了。

4　家裡的廁所

廁所在家裡是能夠一人靜靜獨處的地方。在這個地方，會產生封閉感，人比較有安全感，可以完全放鬆自己，同時，廁所是不會受到任何人干擾、且為一人使用的小空間，注意力比較集中。這個時候即使所拿的是內容比較枯燥的書，往往也能夠理解並加以記憶。

5　衣櫃

說到衣櫃讀書，並不是在衣櫃裡看書或背東西，而是要把衣櫃的門打開，這樣有利於增強封閉感，便於集中精力讀書和記憶。

在記憶環境的各種因素中，記憶空間的面積、方向等等對記憶效果也都有非常重要的影響。遠離日常生活氣氛濃厚的地方或常有人活動的地方，對集中精神、記東西較有效果。所以，若想好好讀書，達到高效率記憶，就一定要選擇好合適的記憶空間。

第九章 良好的環境有助於提高記憶

創造一個寬鬆自由的家庭氛圍

我的父母非常強勢，總是習慣把我看成他們的私有財產，有強烈的占有欲。在日常生活中，對我要求很嚴，而且嚴到我必須完全聽他們的話，根本不考慮我的需求。在這個家中，我永遠是被管制的對象。家裡的大事，沒有參與的權利，對自己的事，也沒有決定權，唯一的選擇就是聽從、聽從、再聽從，毫無自由可言。我越來越覺得在這樣的家庭中長大，我對自己的前途恐懼、無望，根本沒心情好好唸書，什麼都記不住！

1 重要事項徵求家人的意見

如果你這樣做了，就會讓家人感覺自己是家庭中重要的一員。一般情況下，都會滿足你的要求的。如準備一個人出去旅遊，去哪裡，去多久，都可以先聽聽家人的想法。有些事還是有想不周全的地方。這樣一方面可以避免錯誤的出現，一方面也可以構建和諧輕鬆的家庭氛圍。

2 目光對視著談話

這不僅僅是個姿態，更可以隨時隨地提醒別人學會用他人眼睛看世界，也就是理解他人的感受及需求，而非把自己有限的經驗強加給他們，創造一種平等自由的氣氛，而不是高高在上的權威。這樣，與家人的關係融洽，心情自然就好，好的情緒有助於記憶。

3 實行經濟自由

家人直接沒收我們的錢是不可取的。這時，我們可以和家人講明，讓自己清楚家庭的經濟情況，了解後可以把壓歲錢用來繳學費、訂報紙雜誌、存銀行、買保險或自願交給家裡，供應生活開支。

寬鬆、自由的家庭生活環境，輕鬆又充滿著愛，充滿了和諧、溫馨的氣氛。在這樣的環境中，積極性、主動、創造力能得到充分發展，學習效果非常理想。在這種環境裡的人能充分認識自我價值，其獨立能力、解決問題的能力、記憶知識的能力以及適應社會的能力能得到較好的發展。

盡量利用不受干擾的環境

家人都在看電視，而且還吃著東西，憑什麼就讓我一個人讀書啊？讓我一個人進行枯燥的背誦！我心理極度不平衡，我也想知道電視上到底在演什麼節目，家人看得那麼投入，連我走到他們身邊，拿起茶几上的水果吃起來都沒有發覺。

1 營造有助於讀書的環境

為了避免讀書的時候分心，需要設立一個能夠使你不受干擾的讀書場所。如獨立的房間。在房間的布置上，應該舒適、簡潔、明亮，不適宜擺放過多雜亂的物品。房間的色調應以明

亮、淡雅為主，可以有些歡快的情趣，但不要貼、掛很多東西，以免分散注意力。將喜歡的有關讀書的格言或座右銘貼在醒目的位置，以時刻鼓勵和提醒自己。

2　培養正向的讀書心態

不要把學習當做一件苦差事、一種無可奈何的負擔，而應看作是正向生活的一部分。為了讓自己在心情愉快的狀態下讀書，你可以選擇在讀書前閉目靜坐一下，或是深呼吸，讓自己的精神得到放鬆，有效集中精神，盡快進入更好的狀態進行記憶。

3　製造濃厚的讀書氣氛

讀書時，家裡要盡量保持安靜，電視少看、不聽音樂、不製造噪音、不大聲喧嘩，以免影響情緒和專注力。家人間最好有共同讀書的時間，在群體的影響下提高讀書的興趣，增強記憶的效果。

4　要設有固定的讀書桌椅

桌椅的位置不能亂動，以便形成專心讀書的心向，進入這個環境，就能馬上進入讀書狀態。書桌上讀書用品應擺放整齊，課本、作業、文具以及必要的工具書應準備齊全，放在明顯的位置，方便使用。

5　不要在桌上堆放與讀書無關的東西

如食物和玩具，以免干擾讀書。可以配備一臺電腦、一個書櫃，書櫃上陳列著適宜自己的益智、古典名著、科學百科等書籍，以豐富課外知識，拓展視野。

6　排除環境干擾

做作業時三心二意，常常是因為被身邊的無關因素所干擾。如還沒有完成作業時，便邀請同學或者夥伴來家裡玩。這樣就會影響唸書的良好氣氛，讀書時就難以靜下心來，記憶知識就會很困難，要盡量避免。

記憶時只要聚精會神、專心致志，排除雜念和外界干擾，大腦皮層就會留下深刻的記憶痕跡而不容易遺忘。如果精神渙散、一心二用，就會大大降低記憶的效果。所以，不論是在學校，還是在家庭，讀書都需要一個安靜的、無干擾的環境。在讀書期間，如果沒有一個相對安靜的讀書環境，受到外界干擾，不僅不利於集中精神，而且還會消減讀書動機。因此，必須消除可能影響讀書的干擾因子，想方設法創造一個安靜的、無干擾的讀書環境，這是主動讀書、增強記憶的開端。

不定時改變讀書環境

開始為自己準備讀書專用空間。剛開始我開心得不得了，

第九章　良好的環境有助於提高記憶

可是後來，每天面對這一成不變的環境，起初的興奮心情已經蕩然無存了。

1　改變書本的擺設位置

不定時改變書本的擺放位置，能給人一種被打亂的感覺，從而使人產生新鮮感和陌生感，甚至產生再看一遍的想法，看的次數多，想記不住都難。正如《三國志》所說：「書讀百遍，其義自見。」

2　擺放一盞自己喜歡的小檯燈

讀書時，除了書桌和讀書工具以外，不可避免地也要用到檯燈。現在人們的任務繁多且重，幾乎每天都要挑燈夜戰。這時，你可以選一盞自己喜歡的小檯燈放在自己的書桌前，賞心悅目，不自覺地就想在這樣的書桌前多待一下。

3　走出書房

雖然固定的讀書地點有助於保持讀書的專注力，提高記憶力。但是，我們也都知道，長期在固定不變的地點讀書，也會不自覺地讓人感到煩悶、浮躁，導致記憶力下降，學不下去，出現厭學。所以，適當地變換一下讀書環境，往往效果極佳。如安靜的客廳、圖書館等都是很不錯的選擇。

大多數人都喜歡變化，天生對變化敏感。因此，多一些變化，就能製造一些新鮮感，讓心情愉悅，增強大腦的興奮度，

就不會厭倦讀書，並且還能提高讀書的興趣。反之，當每天面對的都是一成不變的環境，新鮮感就會逐漸消失，直至倦怠。這時，不僅影響讀書興趣，還會大大降低記憶知識的能力，直到放棄讀書。因此，過一段時間就應該改變一下讀書環境。

溫度適宜有助於記憶

　　家人在我的書房安裝冷氣和暖氣了，我很開心。可是開心之餘也給我帶來了麻煩，影響了我正常的讀書和記憶。

1. 在盛夏的晚上冷氣開到強風，稍晚後就會開始覺得冷氣太強，而不得不離開書桌去調節冷氣。冬天時可能會開暖氣，會覺得很想睡覺，而且室內的空氣也會因開暖氣的關係變得悶熱，必須要去開啟窗戶。又因為空氣乾燥，必須要使用加溼器，經常做這些瑣碎的事情，就無法集中於真正該做的事情上了。

2. 冬天時暖氣若開得太強，大腦的反應會變遲鈍，特別是使用暖爐，雖然會使房間暖和起來，但是使人很想睡覺。所以，讀書時即使天氣再冷，最好還是不要使用暖氣，採取「頭寒足熱」的方式讀書和記憶，大腦的運動也會更加活躍。如用毛毯或膝毯蓋住下半身保溫。這樣的話，縱使室溫降低，也不會覺得冷了。電毯或足溫器等也是方便之物，不但不會讓房間的空氣惡化，還會使

第九章　良好的環境有助於提高記憶

　　腳溫暖。

　　為了能順利地讀書和記憶，將房間保持舒適的溫度，也是很重要的。太冷或悶熱，都會使記憶的效率降低。升學考試時因為考場太熱而導致許多身體不適的突發狀況的例子，屢見不鮮。會考、指考、統測在炎炎夏季，學測則在寒冬，在天氣與壓力的夾擊下，身體很容易出狀況，所以，在平時即要培養對冷熱的適應度才好。

燈光適宜可提高記憶力

　　現在很多人都戴上了眼鏡，而且據說大多是因為燈光暗所引起的。為此，我幫自己換了一盞非常亮的燈。可好景不長，當我在看書時，強烈的燈光使我感到煩躁，記憶力下降，甚至眩暈。我不理解原因，為此上網查找了很多資料。據說之所以會這樣，是因為光透過視神經刺激大腦，讓腦細胞接受劣性刺激，對腦功能產生不良影響。太弱了會使環境昏暗，物體輪廓不清，顏色不鮮明，大腦皮層得不到足夠強度的光刺激，到不了足夠的興奮強度，會逐漸抑制腦細胞，也影響用腦效率。同時，太強和太弱的光線都會增加腦神經對眼的睫狀肌調節的緊張，容易引起視覺疲勞，間接對腦功能有不良影響，進而影響記憶力。

1　燈光亮度要適宜

一般情況下，如果光線太亮的話，會分散人的注意力，但如果太暗，就會增加疲勞感，不利於讀書，更不利於記憶知識。因此，為了要注意力集中在讀書上，必須要用窗簾或百葉窗將光線擋一擋，但不能太暗。

2　檯燈不可少

檯燈在讀書工具中占有一席之地，可以說是不可或缺的。因為檯燈的集中照明可以提高人的注意力，是人們讀書、工作的主要光源。當你要看書時所用的燈具照射面要集中而廣泛，燈光應該是白光。而用來寫字和照亮電腦的燈光，則不需要太明亮，只要能夠聚光發射出柔和黃色光線的檯燈就可以了。

3　白天採用自然光

在戶外一般來說應避免陽光直射；在室內，如果窗戶小或其他原因而採光不足，應適度增加燈光。

4　白熾燈一定要加上磨砂的玻璃燈罩

這是因為，加上燈罩的白熾燈會散發明朗、平靜的光線，人們的心情也會隨之平和下來。在這種平和的心境下讀書，人們的注意力會相當專注，記憶知識也相對輕鬆、快速。

5　調節適度的燈光對比

如果房間的照明度也與檯燈一樣明亮的話，注意力就不會

集中在讀書上了，所以，要將房間的亮度調得比檯燈暗一點，使意識集中在桌上。但是，房間的照明也不可過暗，如果與周圍的亮度差異太大的話，眼睛與精神也會容易疲勞，而使集中照明變成反效果，不利於知識記憶的高效率。

照明也是讀書、記憶的環境因素之一。讀書、記憶時，在燈飾的選擇上，既要求美觀，又要求實用。燈飾的樣子和燈光的顏色應該讓人感覺到心平氣和，過分豔麗的燈光和燈罩都不適合讀書和記憶。

書房環境指南

從小我就在客廳的茶几上寫作業，複習、預習。媽媽在廚房準備一家人的晚餐，爸爸就在不遠處小聲地看著電視節目，我利用找東西的時間還能偷偷地瞄一眼電視，感覺還不錯，畢竟還是小小滿足了一下自己的電視癮。後來，被爸爸發現了。爸爸就買來了一塊布，在客廳的一角替我圍起了一個簡易的書房。這雖然杜絕了我偷瞄電視，但是在這個密不透風的空間裡，我的讀書效率反而下降了，記憶知識也更加困難了。

1　雜訊對腦力活動影響極大

噪音會使記憶力減退，而且聲音過大，會讓人覺得頭痛，容易發怒，心情煩躁。一般情況下，書房的雜訊應控制在五十

分貝以下。

2　一氧化碳指標小於每立方公尺五毫克

因為一氧化碳是最常見的有毒氣體之一，容易損傷神經細胞。因此，應保持室內通風良好。

3　溫度要適宜

每天生活都很累，體溫的調節能力很差。因此，夏季時房間的溫度應控制在二十八度以下，而冬天應控制在十八度以上。

4　不要過於乾燥

如果室內空氣很乾，人的肌膚就會乾乾的、緊緊的，整個人全身覺得不舒服，影響記憶的效果。所以，相對溼度應保持在百分之三十到七十之間。

5　不要在強光下讀書

過於集中的光線容易使人疲勞，尤其是視覺疲勞，從而引起閱讀效率低下，記憶緩慢，視力下降。因此，不要在強光下讀書。

6　顏色要適宜

顏色對腦功能的影響比較大。有的顏色悅目，就會愉快；有的顏色刺眼，就會煩躁；有的顏色熱烈，就會興奮；有的顏色柔和，就會寧靜。之所以會出現這樣的情況，是因為不同顏色以不同波長通過視神經，作用於腦所引起的情緒反應。不僅

第九章　良好的環境有助於提高記憶

如此，房間顏色的不同，記憶的效果也不同。淺綠色和草綠色能提高智商，有利於記憶，而棕色就會引起智商的下降，降低記憶的效果。

　　一個人記憶力的好壞與環境有著莫大的關係，如果自己的房間光線太暗、空氣不通暢、常受嘈雜聲干擾的話，就很難集中精力讀書，記憶力也就很難發揮盡致；而如果換了環境好的臥室，因為環境的舒適，自然而然就能把精力集中到自己的讀書工作上，記憶力也會明顯提高。因此，一定要排除房間各種不利因素的刺激和干擾，讓記憶穩定又持久。

電子書購買

國家圖書館出版品預行編目資料

這世界上沒有天才，只有優秀的記憶法：記不住
東西不是你笨，只是用錯了方法 / 李祐元，段平
著 . -- 第一版 . -- 臺北市 : 清文華泉事業有限公
司 , 2021.12
　　面；　公分
ISBN 978-986-5486-92-1(平裝)
1. 記憶
176.338　　110018288

這世界上沒有天才，只有優秀的記憶法：記不住東西不是你笨，只是用錯了方法

作　　　者：李祐元，段平

發 行 人：黃振庭

出 版 者：清文華泉事業有限公司

發 行 者：清文華泉事業有限公司

E - m a i l：sonbookservice@gmail.com

粉 絲 頁：https://www.facebook.com/sonbookss/

網　　　址：https://sonbook.net/

地　　　址：台北市中正區重慶南路一段六十一號八樓 815 室

Rm. 815, 8F., No.61, Sec. 1, Chongqing S. Rd., Zhongzheng Dist., Taipei City 100, Taiwan (R.O.C)

電　　　話：(02)2370-3310　　　傳　　　真：(02) 2388-1990

印　　　刷：京峯彩色印刷有限公司（京峰數位）

定　　　價：375 元

發行日期：2021 年 12 月第一版

臉書

蝦皮賣場